KB080166

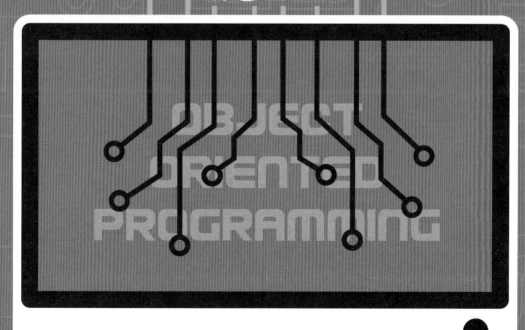

새틀(SETL)을 이용한

C++

시각화
객체지향 개념

유홍준 지음

Soft
QT | (주)소프트웨어품질기술원

차 례

차 례

차 례

제 9 장 객체지향 응용

~ 부록 ~

머리말

이 책은 객체지향 프로그래밍 언어(OOP : Object-Oriented Programming Language)인 C++언어를 중심으로 객체지향의 여러 가지 개념에 대해 예제를 들어 아주 쉽고 상세하게 다루고 있습니다.

필자는 객체지향 기술을 프로그래밍 실무에서 활용하고자 하는 분과 객체지향의 여러 가지 개념에 대해 확실한 지식을 쌓고자 하는 분들을 위해 글을 썼습니다.

벌써 객체지향(OO : Object-oriented)의 개념이 탄생하여 실무적으로 정착한지도 상당한 시간이 흘렀습니다.

절차지향(Procedure-Oriented)의 중심에 있는 구조적 기법(Structured technics)의 대가(大家)라고 일컫던 전문가들도 객체지향 쪽으로 돌아선지 벌써 오래되었습니다.

지금 이 시점에서 객체지향 기술은 컴퓨터 분야에서 큰 세력으로 성장했으며, 시스템의 분석·설계·구현 및 유지보수에 이르기까지 전 공정에 걸쳐서, 객체지향 기술이 폭넓게 적용되고 있습니다.

컴퓨터 분야에서의 여러 가지 문제를 해결하기 위해서는 객체지향 기술을 잘 알고 있어야만 하는 시대가 도래한 것입니다. 현재 각광을 받고 있는 IoT(Internet of Things), 클라우드(Cloud) 기술 등도 소프트웨어적인 시각에서 보면 객체지향 기술을 많이 적용하고 있는 등 프로그래밍 언어 영역에서 확실한 자리매김을 하고 있습니다.

한편에서는 아두이노(Arduino)와 같이 소프트웨어와 하드웨어를 결합한 콘트롤 시스템이 융합(Convergence)이라는 주제와 더불어 강력히 부상하는 시점에서 다시 절차지향 언어인 C언어가 사람들을 모으고 있습니다. 이제는 C언어와 C++언어가 모두 필요한 시기가 되었습니다.

오랜 기간 동안 C언어와 같은 절차지향에 익숙해졌던 사람들에게 C++언어와 같은 객체지향 개념은 아직도 선뜻 와 닿지 않는 것도 사실입니다. 그 이유는 무엇일까요?

간단히 이야기해서 객체지향 개념은 절차지향 개념과는 상당히 다른 관점에서 파악해야 하기 때문입니다.

실제로 C++언어를 가지고도 객체지향적이 아니라, 절차지향적으로 프로그램을 짜는 사람들을 필자는 많이 보아왔습니다.

이 책에서는 객체지향은 공부하면 할수록 어려워진다는 항간의 오해를 불식시키기 위해서, 객체지향에 관한 중요한 개념들에 대하여 그림을 최대한 활용하여 이해하기 쉽도록 설명하였습니다.

최근에는 Visual Studio 2013 Community Edition이 등장하면서 개인 개발자는 누구라도 무료로 C언어, C++언어, C#언어를 모두 하나의 개발 툴에서 사용하는 것이 가능해졌습니다.

특히, C++언어의 경우에는 C언어 계열의 프로그래밍 언어에서 객체지향 개념을 가장 기본적으로 장착한 중요한 언어로서 Java 언어와 더불어 C++언어의 정복이 객체지향 개념의 완전한 이해에 핵심적인 요소로 작용하고 있습니다.

저자는 이전과 같이 코딩 중심의 시각에서 벗어나 설계와 코딩을 융합하는 시각화 기술을 도입하여 쏙(SOC : Structured Object Component)이라는 설계 부품과 새틀(SETL : Structured Efficiency TooL)이라는 설계와 코딩 융합 소프트웨어 자동화 도구를 집필에 적용하였습니다.

아무쪼록, 본서가 도움이 되시길 기원합니다. 아울러 본서의 내용에 대해서 의견을 주실 분은 필자에게 언제라도 연락 주시면 고맙겠습니다.

사랑을 가득 담은 이 책이 독자님께 유익한 책으로 사명을 다할 수 있기를 진심으로 기도하겠습니다.

감사합니다.

2015. 07. 17. 저자 유 홍준 드림
㈜소프트웨어품질기술원

시작하기 전에

필자는 객체지향(客體指向)의 개념을 제대로 익혀서 실무에서 자유자재로 활용하고자 하는 분을 위해 이 책을 썼습니다.

객체지향 개념의 효율적인 체득을 위해, 필자는 독자분들을 크게 3가지 유형으로 분류하여 우선 몇 말씀 드리고자 합니다.

▶ 객체지향 개념을 처음 대하시는 분은

본문에서 객체지향의 개념과 관련한 설명을 중심으로 읽어나가시다가, 예제 프로그램 중에서 어렵게 느끼시는 부분은 건너뛰면서, 객체지향 개념의 맥을 잡는 차원에서 공부해나가시길 바랍니다.

객체지향 개념은 기초 터잡기가 아주 중요하므로, 기초 개념 익히기에 우선 중점을 두어 읽어나가십시오. 그러다가, 차근차근 프로그램 능력이 향상됨에 따라, C++ 프로그램 예제를 다시 한번 참고하신다면 많은 도움을 받으실 것입니다.

▶ 평소에 C언어 정도는 알고 계시는 분은

예제로서 나오는 C언어 프로그램과 C++언어 프로그램과의 차이를 비교해나가면서 공부해나가신다면 효과적으로 객체지향의 개념을 익히실 수 있을 것입니다. C++언어의 객체지향 개념별로 실습 예제를 세심하게 마련하였으므로 C++언어를 실습 중심으로 익히실 것을 권고해 드립니다.

▶ 교육 기관에서 교재로 채택하는 경우에는

이 책은 1학기 분의 교육 과정에 적합하도록 저술하였습니다.

객체지향 프로그래밍 과정, C++ 프로그래밍 과정, 실무 프로그래밍 과정 등을 비롯한 적절한 교육과정에서 본서를 채택하신다면, 1학기 동안에 학생들로 하여금 객체지향의 개념을 확실히 익히도록 하는데 많은 도움이 되실 것입니다.

이 책의 모든 프로그램에 대한 접근은 설계와 코딩을 융합한 시각화 C++언어 프로그래밍 방법을 사용하고 있습니다.

객체지향 프로그래밍 언어의 또 다른 한 축인 Java 언어와 관련한 객체지향 개념에 대해서는 본서에서 다루지 않습니다. 따라서, 본서와는 별도로 Java 언어의 객체지향 개념을 비교해서 실력을 폭넓게 향상시키고자 하시는 독자분은 이 책의 자매편인 "새틀(SETL)을 이용한 Java 시각화 객체지향 입문/유홍준 지음/(주)소프트웨어품질기술원"을 참조하시기 바랍니다.

C++언어와 Java 언어의 객체지향 개념만 정확히 이해하신다면 앞으로 어떠한 프로그래밍 언어의 객체지향 개념이라도 쉽게 대하실 수 있을 것입니다. 왜냐하면 객체지향 개념은 이들 두가지 관점에서만 접근하여 이해하면 거의 완벽한 수준에 이를 수 있기 때문입니다.

　그럼 이제 객체지향(客體指向)은 어렵다는 선입견 대신에, 시작이 반이라는 확신을 가지고 시각화 C++ 객체지향 개념의 세계로 즐거운 여행을 떠나보겠습니다.

제 1 장

객체지향의 첫걸음

1.1 소프트웨어 위기의 정체

"순서도로 로직을 그리다가 밤을 새웠다네요."

〈 어떤 프로그래머 〉

소프트웨어 위기(Software Crisis)

　고품질의 소프트웨어를 원하는 수요(需要, demand)는 매년 빠른 속도로 증가하고 있는데, 그에 대한 공급(供給, supply)이 느림보 걸음을 하고 있어서 개발 적체(開發積滯, backlog) 등의 부작용이 심화되고 품질 확보가 어려워지는 상황

　오늘날의 소프트웨어 위기(Software Crisis)는 소프트웨어에 대한 수요자의 요구 수준과 공급자의 기술 수준의 격차가 날이 갈수록 커지는데 기인(起因)하고 있습니다.
　수요자는 기존 소프트웨어의 유지보수(maintenance)와 새로운 소프트웨어의 공급을 모두 바라고 완벽한 문서화를 원하는 반면, 공급자는 기존 소프트웨어의 이해와 문서화에 많은 시간을 빼앗겨 실제 개발과 테스트에 충분한 여력이 부족한 상황이 발생하게 됩니다. 이로 인해 프로그래머는 밤새워 무리를 해도 일만 쌓여 품질 확보에 신경을 쓰기 어려워집니다.

1.2 절차지향 방법에 의한 문제 해결

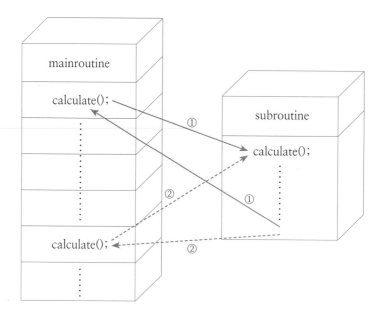

〈 절차지향 방법 〉

절차지향 방법(Procedure-Oriented Method)

　기능 분할(functional decomposition)에 의해 과제(tasks)들을 작은 절차(節次) 단위로 나누어 복잡도를 제어하는 방법

　프로그램의 복잡도(複雜度, Complexity)를 제어하여 소프트웨어 위기(Software Crisis) 를 해결하기 위해, 1980년대까지 주로 사용되던 방법은 절차 중심의 구조화 기법(Structured technique)이었습니다.

　이 절차지향적(Procedure-Oriented)인 방법의 핵심은 프로그램의 크기가 커질 때, 프로그램의 각 부분들을 기능별로 나눠서 작은 단위의 절차(節次, procedure)인 서브루틴(subroutines)들로 구성하고, 이러한 절차들을 여럿이 별도로 개발한 뒤 결합하여 완전한 기능을 가진 프로그램으로 만들어가는 데에 있습니다.

〈 구조화의 필요성 〉

절차지향 방법의 중요한 특징 중의 하나로, 프로그램 절차(節次, procedure)의 제어구조(制御構造, control structure)를 형식화(形式化)하는 「구조화 프로그래밍(structured programming)」을 들 수 있습니다.

구조화 프로그래밍의 기본이 되는 핵심적인 사고(思考)는 어떠한 소프트웨어(software)도 이른바 이음(連接, 順次, concatenation, sequence), 갈래(選擇, selection), 되풀이(反復, iteration)라고 불리는 3가지 기본 제어구조만 가지고 쓰여질 수 있다는 믿음입니다.

이음(순차)   갈래(선택)   되풀이(반복)

이러한 믿음은 Böhm, Giuseppe Jacopini, Dijkstra 등을 비롯한 유럽의 학자들이 이론적으로 뒷받침하였습니다.

절차지향 방법의 또 하나의 중요한 특징으로, 「전역 변수(全域變數, global variable)」의 사용을 들 수 있습니다. 전역 변수(全域變數)는 자료 저장소인 변수 영역에 함수(Function) 중심의 어느 절차(Procedure)에서도 마음대로 접근할 수 있도록 외부에 대해 완전히 접근을 개방한 변수입니다.

절차지향적인 방법을 사용하는 시스템으로는 책방을 떠올릴 수 있습니다.

최근의 큰 책방은 거의 대부분이 일반 구입자에게 접근을 개방한 개가식(開架式) 형태로, 책을 사려는 사람들은 마음대로 서가(書架)에서 책을 꺼내어 볼 수 있습니다.

이러한 개가식 형태로 책을 꽂아놓은 자료 저장소인 책꽂이를 우리는 전역 변수(全域變數, global variable)라고 생각해도 무방합니다.

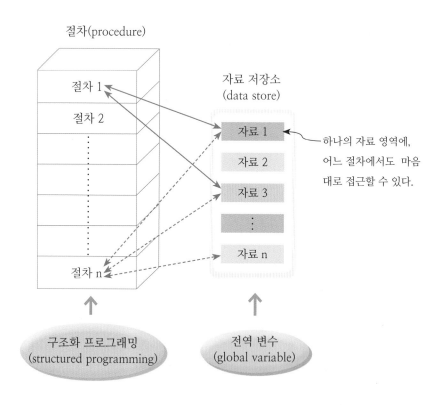

〈 절차지향 방법의 특징 〉

절차지향 방법은 사용자가 마음대로 책을 고를 수 있다는 장점이 있지만, 사용자가 임의로 어느 책꽂이(전역 변수)에나 접근하여 책(자료)을 꺼내거나 집어넣을 경우, 책을 분실하거나 엉뚱한 데에 책이 다시 꽂혀지는 등의 문제점이 발생하여 정작 책이 필요한 사람을 당황하게 할 수 있습니다.

절차지향 방법에서 특히 전역 변수(全域變數, global variable)의 사용은 큰 프로그램 작성 시에 심각한 문제를 일으킬 가능성을 증가시킵니다. 이것은 마치 은행의 금고를 외부에 대해 완전히 개방하는 것과 같습니다.

은행의 금고를 누구라도 마음대로 열어볼 수 있다면 어떠한 현상이 일어날까요? 당연히, 예금을 도난당하거나 차이가 생길 경우에 책임소재가 불분명해지며, 그로 인해 은행 관리에 어려움을 겪는 문제가 발생할 수 있을 것입니다.

> **구조화 프로그래밍**
>
> 기본적인 제어구조를 짜맞추는 식으로 프로그램을 짜는 방식

> **전역 변수(global variable)**
>
> 프로그램 내의 어느 절차(節次)에서도 마음대로 접근할 수 있는 자료 저장소

절차지향 방법을 요약하면, 실세계(real world)의 문제를 기능(機能, function)의 관점에서 분해·파악하여, 기능 전개에 따라 전역 변수(全域變數, global variable)를 프로그램의 전반에 걸쳐서 사용하는 방법입니다.

따라서 동일한 변수를 조작하는 여러 절차(節次, procedure) 간의 관련성을 알 수 없기 때문에 프로그램의 재사용이 어려워 기존의 것과 유사한 프로그램도 중복 개발해야 하는 등 많은 문제점을 가지고 있습니다.

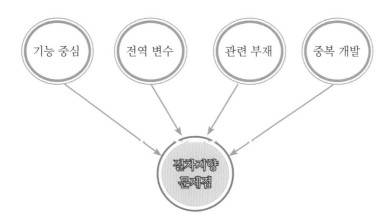

유사한 프로그램에 대한 중복 개발은 기술 축적을 어렵게 합니다. 그러한 개발 방식으로 탄생한 프로그램은 신뢰성 없는 정신나간 청소 로봇처럼 문제를 일으킬 수 있습니다.

〈 원하지 않는 샤워 〉

이처럼 절차지향 방법이 소프트웨어 위기의 해결에 미흡하다는 것을 사람들은 경험을 통해 깨달았습니다.

절차지향 방법의 문제점을 해결하기 위해 나온 방법이 바로 객체지향 방법(客體指向方法, Object-Oriented Method)입니다.

물론, 절차지향 방법이 객체지향 방법으로 들어서기까지 부차적인 방법들이 나오기도 했습니다.

절차 중에서도 특히 구조화 프로그래밍(Structured Programming)을 강조하는 방법이라든가, 논리(論理)를 강조하는 방법, 함수(函數)를 강조하는 방법, 제 4세대 언어(4GL: 4th Generation Language)와 같이 자료관리나 표 작성 등과 같은 작업을 강조하는 방법 등도 있기는 합니다.

그러나 큰 범위에서 문제 해결 방법의 발전은 절차지향 방법과 객체지향 방법으로 나눠보는 것이 바람직합니다.

운영체제에서 윈도우즈(Windows)의 등장과 더불어, 객체지향 방법이 본격적으로 실용화되기 시작하면서부터, 소프트웨어 위기(Software Crisis)는 새로운 국면을 맞이합니다.

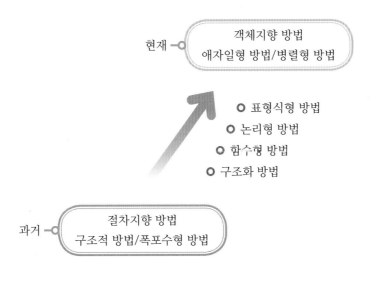

〈 문제 해결 방법의 발전 과정 〉

 알아두기

참고로, 최근에는 사물 인터넷(IoT : Internet of Things) 환경의 아두이노 등의 확산에 따라 절차지향의 C언어도 다시 중요성이 부각되고 있습니다. 그 이유는 임베디드 시스템(Embedded system)과 같이 하드웨어의 제어에는 성능이 중요시 되는데, C언어는 하드웨어 제어시 최적화를 통해 성능 향상을 도모하는데 적합하기 때문입니다. 따라서, 이제는 C언어와 C++언어를 용도별로 선택하여 쓸 수 있는 시대가 도래하였습니다.

정리하자면, 크게 복잡하지 않은 중소규모의 융합 프로그래밍에는 C언어, 중대규모이상의 복잡성이 커진 시스템의 프로그래밍에는 C++언어나 Java같은 언어가 적합하다고 볼 수 있습니다.

1.3 객체지향 방법에 의한 문제 해결

객체지향 방법은 자체의 정보 저장소와 처리 능력을 가진 「객체(客體, object)」가 중심적인 역할을 하여 문제를 해결하는 것입니다.

객체지향 방법은 객체 중심으로 문제를 분산화시켜서 지방 자치 형태로 해결하기 때문에, 문제의 복잡도(複雜度, Complexity)를 제어함에 있어서 절차지향 방법보다 결정적으로 유리한 고지를 차지합니다.

> **절차지향 방법(Procedure-Oriented Method)**
>
> 기능 분할(functional decomposition)에 의해 과제(tasks)들을 작은 절차(節次) 단위로 나누어 복잡도를 제어하는 방법

이로 인해 1990년대 이후 프로그래밍 언어들도 객체지향 개념을 적극적으로 지원하기 시작했습니다.

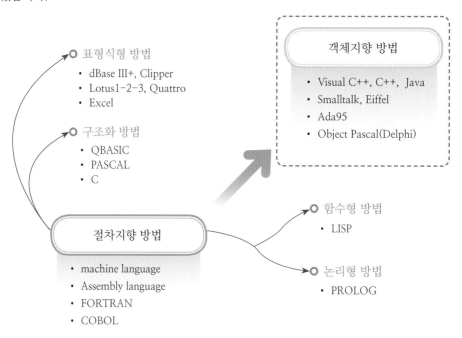

〈 프로그래밍 언어의 발전 과정 〉

절차지향 방법론의 문제점은 객체지향 방법론의 등장에 따라 해결점을 찾았지만, 그 이후에도 2000년대의 프로세스 품질의 위기, 2010년대의 소프트웨어의 비가시성으로 인한 품질의 위기 등 소프트웨어 위기는 완전한 해결을 보지 못한 상태입니다.

이와 같이, 소프트웨어의 비가시성(Invisibility)으로 파생된 제반 문제들을 근본적으로 해결하기 위해 탄생한 것이 바로 소프트웨어 시각화(Software Visualization) 기술입니다.

즉, 이제까지의 모든 소프트웨어 위기의 주요 요인은 결국 분석→설계→구현으로 이어지는 개발 공정에서 긱 공정 단계간의 간극(Gap)이 잘 이어지지 못힌데 기인하며, 그깃은 소프드웨어가 그동안에 비가시적인 속성을 가졌기 때문이라는 깨달음을 바탕으로 부상한 해결책이 바로 소프트웨어 시각화 기술입니다.

시각화 기술(Visualization Technology)과 객체지향 기술(Object-Oriented Technology)이 접목하여 분석, 설계, 코딩을 병행적으로 수행할 수 있는 병렬형 개발(PD : Parallel Development) 방법이 탄생함으로써 프로그래밍은 새로운 국면을 맞이합니다.

1.4 객체지향 언어에서의 고려 요소

객체지향 언어는 큰 프로그램을 개발하기 위한 언어라고 볼 수 있습니다.

지금과 같이 크고 복잡한 프로그램의 개발은 옛날과는 다른 방식으로 이루어지고 있습니다. 옛날에는 프로그램 개발이 중앙집중식으로 중앙통제에 의하여 이루어졌지만, 지금은 각각의 프로젝트(project)에 따라 팀(team)을 구성하면, 팀 별 지방 자치(地方自治, site autonomy) 형태로 운영하는 추세입니다.

또한 상당히 전문적인 내용은 자체 개발하기보다는 전문가에게 맡겨서 부품화하고, 그 부품(component)을 정보 은폐(情報隱蔽, information hiding)시킨 블랙 박스(black box) 개념으로 이용하기도 합니다. 기존의 부품과 유사한 형태의 부품을 새로 제조할 때에는 기존 부품의 특성을 상속(相續, inheritance)받아서 제조하고, 한가지의 명령으로도 다양한 기능을 선별적으로 수행할 수 있도록 하는 다형성(polymorphism) 개념 등의 지원이 객체지향 언어에서 필수 요건화 하고 있습니다.

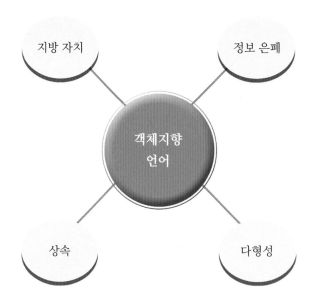

〈 객체지향 언어에서의 고려 요소 〉

이들 개념에 대해서는 앞으로 차근차근 다루겠습니다.

1.5 객체지향 언어의 구분

미국의 저명한 컴퓨터 과학자인 피터 웨그너(Peter Wegner)가 객체를 지원하는 언어를 구분한 것을 포함하여 새롭게 객체지향 유형의 언어들을 분류해보면 다음과 같습니다.

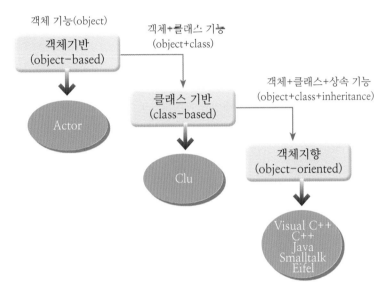

위의 분류에서 객체지향 언어(客體指向言語)는 순수 객체지향(pure object-oriented)과 혼성 객체지향(hybrid object-oriented)의 2가지로 세분화할 수 있습니다.

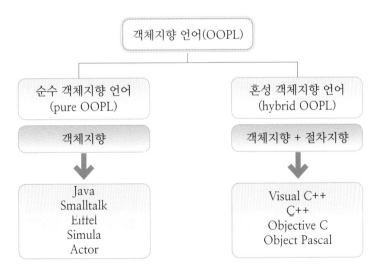

〈 객체지향 언어의 구분 〉

연습문제

01 소프트웨어 위기가 발생한 과정을 시대적으로 분류하여 정리하고 해당 위기별 해결 방법과 최근에 등장한 시각화 기술이 소프트웨어 위기를 어떻게 해결해줄 수 있는지 토론해 보세요.

02 절차지향의 구조화 프로그래밍과 객체지향의 객체지향 프로그래밍의 공통점을 조사하고 각각의 장점을 취해서 실무 프로그래밍에 적용해야 할 필요성은 무엇인지 토론해 보세요.

03 전역 변수와 지역 변수의 차이를 실제 예를 들어서 조사하고, 전역 변수만을 사용하는 경우와 지역 변수만을 사용하는 경우의 장단점을 파악하여, 실제 프로그래밍 현장에서 하이브리드 방식으로 적용해야 할 필요성에 대해 토론해 보세요.

04 객체지향 언어가 절차지향 언어와 달라진 점을 크게 4가지만 들어 구체적으로 조사하고, 각각의 특징이 우리의 프로그래밍 환경을 어떻게 변화시킬 수 있는지 실무적인 관점에서 토론해 보세요.

05 최근까지 발전해온 애자일형(Agile type) 방법과 새롭게 등장한 병렬형(Parallel type) 방법의 차이를 조사하고, 향후 발전 전망에 대해 토론해 보세요.

제 2 장

C++언어의 기초

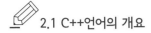

2.1 C++언어의 개요

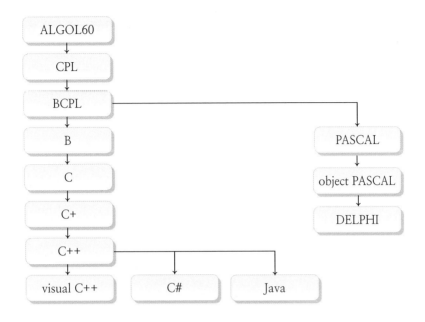

〈 ALGOL계열 언어의 발전 〉

ALGOL계열 언어로서 발전한 객체지향 언어(客體指向言語)인 C++언어는 1980년경에 AT&T의 Bell연구소에서 근무하던 Bjarne Stroustroup이 모의실험(模擬實驗, simulation) 목적으로 개발한 언어로서, 다음과 같은 특징을 가지고 있습니다.

C++언어의 특징

- C언어를 지원하며, 그 장점을 계승
- 객체지향 개념을 완벽하게 지원
- 혼성 객체지향 언어
- 강력한 형 점검(type checking) 기능
- 캡슐화(지방 자치)와 정보 은폐를 지원
- 단일 상속과 다중 상속을 모두 지원
- 다형성과 오버로드 개념을 지원
- 많은 사용자층 확보

C++언어는 절차지향(節次指向, procedure-oriented)과 객체지향(客體指向, object-oriented) 개념을 합성한 형태의 혼성 객체지향 언어(混成客體指向言語, hybrid object-oriented language)입니다.

특히 JAVA계열 언어도 C++과 마찬가지로 ALGOL계열 언어이기 때문에 C++언어만 확실하게 터득한다면, 다른 방계(傍系) 언어도 아주 쉽게 익힐 수 있습니다.

C++언어는 객체지향적인 측면을 감안하지 않고, 절차지향적인 측면만 감안하더라도 종래의 C언어에 비해 여러 면에서 기능 확장이 이루어졌습니다.

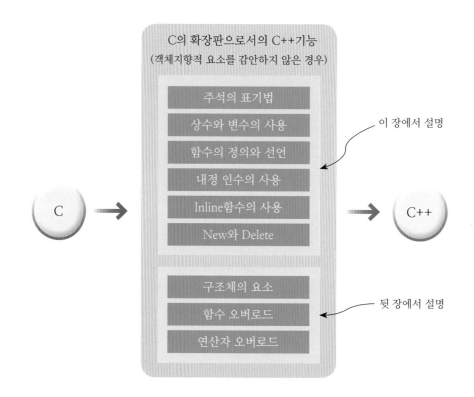

그 중에서도, 주석(註釋, comment)의 표기법, 상수와 변수의 사용, 함수(function)의 정의와 선언, 내정 인수(default argument)의 사용, 인라인 함수(inline function)의 사용, 기억 영역의 동적 확보(new)와 해제(delete), 구조체의 요소(struct member), 함수 오버로드(function overload), 연산자 오버로드(operator overload) 등 많은 면에서 C++언어는 C언어보다 사용을 단순화하거나, 보다 확장 기능을 갖도록 발전이 이루어졌습니다.

많은 확장 기능 중에서 몇 가지를 프로그램의 예를 들어 C와 C++의 차이를 비교해 보기로 하겠습니다.

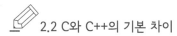 2.2 C와 C++의 기본 차이

C언어와 C++언어의 가장 기본적인 차이는 표준 입출력(standard input/output)을 행할 때 포함시키는 헤더 파일(header file)이 다르다는 점입니다.

#include 〈stdio.h〉 ➜ C의 표준 입출력 헤더 파일

#include 〈iostream〉 ➜ C++의 표준 입출력 헤더 파일

헤더 파일(header file)이 달라짐에 따라, 표준 출력을 위한 명령도 C언어에서 「printf」로 사용하던 것이 C++언어에서는 「cout」으로 단순화가 이루어졌습니다.
또한 주석(註釋, comment) 처리에 있어서도 C언어에서 /* 와 */ 만 사용하던 것이, C++언어에서는 // 도 사용될 수 있도록 개선이 이루어졌습니다. 물론 나중에 C언어에서도 //을 사용할 수 있도록 개선이 이루어졌습니다. /* 와 */ 는 줄 수에 관계없이 유효하지만 // 는 한 줄 내에서만 유효합니다. 즉, 최근에는 C언어와 C++언어 모두에서 /* 와 */ 는 물론 // 도 사용할 수 있습니다.

예제 2.2.1 ① │ C언어에서의 가장 간단한 문자열 출력

📋 쏙(SOC)

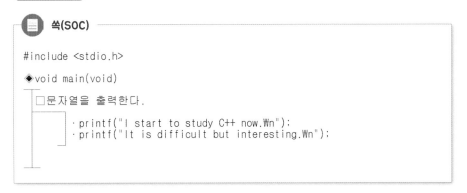

```
#include <stdio.h>

◆void main(void)

   □문자열을 출력한다.
          ·printf("I start to study C++ now.\n");
          ·printf("It is difficult but interesting.\n");
```

📋 프로그램

```
#include 〈stdio.h〉

void main(void) {

   //.문자열을 출력한다.
   {
```

```
        printf("I start to study C++ now.\n");
        printf("It is difficult but interesting.\n");
    }
}
```

▶ 실행 화면

예제 2.2.1 ② C++언어에서의 가장 간단한 문자열 출력

📄 쏙(SOC)

```
#include <iostream>
using namespace std;

◆void main()

  □문자열을 출력한다.
        ·cout << "I start to study C++ now.\n";
        ·cout << "It is difficult but interesting.\n";
```

📄 프로그램

```
#include <iostream>
using namespace std;

void main() {

  //.문자열을 출력한다.
  {
    cout << "I start to study C++ now.\n";
```

```
        cout << "It is difficult but interesting.\n";
    }
}
```

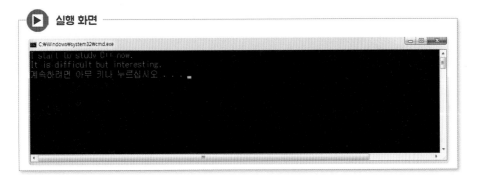

2.3 표준 입출력 흐름(iostream)

C언어에서는 「stdio.h」 헤더 파일(header file)을 포함시켜서 사용하는 printf() 등과 같은 표준 명령어가 함수(函數, function)로 구성되어 있으나, C++언어에서는 「iostream」 헤더 파일(header file)을 포함시켜서 사용하는 cin, cout 등과 같은 표준 명령어가 「흐름 객체 (stream object)」를 구성하고 있다는 점이 다릅니다.

예제 2.3.1 ① C언어에서의 변수의 내용 출력

쏙(SOC)

```
#include <stdio.h>

◆void main(void)
   · int a = 3;          ※ 정수형 변수 선언 및 초기화
   · int b = 5;
   · int sum = 0;
  □정수의 합 처리를 한다.
        · int sum = a + b;
        · printf("a+b= %d.\n", sum);      ※ 변수 내용 출력
```

프로그램

```
#include <stdio.h>

void main(void) {
   int a = 3;        // 정수형 변수 선언 및 초기화
   int b = 5;
   int sum=0;

   //.정수의 합 처리를 한다.
   {
      int sum = a + b;
      printf("a+b= %d.\n", sum);      // 변수 내용 출력
   }
}
```

▶ 실행 화면

```
C:\Windows\system32\cmd.exe
a+b= 8.
계속하려면 아무 키나 누르십시오 . . .
```

예제 2.3.1 ② │ C++언어에서의 변수의 내용 출력

📋 쏙(SOC)

```
#include <iostream>
using namespace std;

◆void main(void)

 ┌ · int a = 3;          ※정수형 변수 선언 및 초기화
 │ · int b = 5;
 │ · int sum = 0;
 └ □정수의 합 처리를 한다.

        ┌ · int sum = a + b;
        └ · cout << "a+b= " << sum << ".\n";    ※변수 내용 출력
```

📋 프로그램

```
#include <iostream>
using namespace std;

void main(void) {
  int a = 3;        // 정수형 변수 선언 및 초기화
  int b = 5;
  int sum = 0;

  //.정수의 합 처리를 한다.
  {
    int sum = a + b;
    cout << "a+b= " << sum << ".\n";    // 변수 내용 출력
  }
}
```

실행 화면

「iostream」 헤더 파일(header file)이 포함하고 있는 표준 입출력 흐름 객체를 표로 나타내면 다음과 같습니다.

흐름 객체 (stream object)	입출력 대상 장치 (I/O device)	파일 포인터 (file pointer)
cin	표준 입력장치(보통 키보드)	stdin
cout	표준 출력장치(보통 모니터)	stdout
cerr	표준 에러장치(보통 모니터)	stderr
clog	버퍼 파일 표준 에러장치	–

cin, cout 등에서 'c'는 콘솔(consol)을 뜻합니다. 콘솔(console)이란 작업자가 제어를 행할 수 있는 장치입니다. 작업자가 제어를 행하기 위해서는 무엇무엇이 필요할까요? 기본적으로 입력을 위한 키보드(keyboard), 출력을 확인하기 위한 모니터(monitor) 등이 필요할 것입니다. cerr과 clog는 cout으로 대체하여 사용할 수 있기 때문에 cin과 cout만 이해해 두시면 됩니다.

예를 들어서, age라는 정수 변수의 값을 출력하려고 한다면, C에서는 ,

```
printf("%d", age);
```

와 같은 식으로 일일이 진수 표시(%d인 경우에 decimal 즉, 10진수를 뜻함)를 해주어야 하지만, C++에서는,

```
cout << age;
```

와 같은 식으로 단순하게 지정하기만 하면 10진수 형태로 출력할 수 있습니다.

예제 2.3.2 ①   C언어에서의 문자열, 정수, 문자의 표준 출력

쏙(SOC)

```
#include <stdio.h>

◆void main(void)

   · int age = 23;        ※정수형 변수 선언 및 초기화
   □나이를 출력한다.
            · printf("저의 나이는 ");     ※문자열 출력
            · printf("%d", age);          ※정수형 변수 출력
            · printf("살입니다");         ※문자열 출력
            · printf(".");                ※문자 출력
            · printf("₩n");               ※개행(줄바꿈)
```

프로그램

```
#include <stdio.h>

void main(void) {
  int age = 23;        // 정수형 변수 선언 및 초기화

  //.나이를 출력한다.
  {
    printf("저의 나이는 ");    // 문자열 출력
    printf("%d", age);         // 정수형 변수 출력
    printf("살입니다");        // 문자열 출력
    printf(".");               // 문자 출력
    printf("₩n");              // 개행(줄바꿈)
  }
}
```

실행 화면

```
C:₩Windows₩system32₩cmd.exe
저의 나이는 23살입니다.
계속하려면 아무 키나 누르십시오 . . .
```

예제 2.3.2 ② C++언어에서의 문자열, 정수, 문자의 표준 출력

쏙(SOC)

```
#include <iostream>
using namespace std;

◆void main(void)
    · int age =  23;           ※정수형 변수 선언 및 초기화
    □나이를 출력한다.
            · cout << "저의 나이는 ";     ※문자열 출력
            · cout << age;               ※정수형 변수 출력
            · cout << "살입니다";        ※문자열 출력
            · cout << ".";               ※문자 출력
            · cout << "\n";              ※개행(줄바꿈)
```

프로그램

```
#include <iostream>
using namespace std;

void main(void) {
  int age =  23;         // 정수형 변수 선언 및 초기화

  //.나이를 출력한다.
  {
    cout << "저의 나이는 ";    // 문자열 출력
    cout << age;               // 정수형 변수 출력
    cout << "살입니다";        // 문자열 출력
    cout << ".";               // 문자 출력
    cout << "\n";              // 개행(줄바꿈)
  }
}
```

실행 화면

만일, 정수의 값을 진수 변환하여 출력해 주고 싶다면, C++에서는 조정자(manipulator)를
이용해 줄 수 있는데, 조정자는 다음과 같습니다.

조정자	기 능
dec	정수를 10진수 형태로 출력
hcx	정수를 16진수 형태로 출력
oct	정수를 8진수 형태로 출력

조정자는 출력하고자 하는 자료의 앞에 지정해주는 식으로 사용합니다. 예를 들어 num이라
는 정수 변수를 16진수 형태로 출력해 주고 싶다면,

```
cout << hex << num;
```

와 같은 식으로 출력할 자료인 num 앞에 16진수를 뜻하는 hex(hexadecimal)를 지정해 주면
쉽습니다.
참고로 '₩n'은 「new line」즉 새로운 줄을 뜻하며, Enter키(enter key)가 눌려진 것과 같은
효과를 냅니다.

예제 2.3.3 ① C언어에서의 정수의 진수 변환 출력

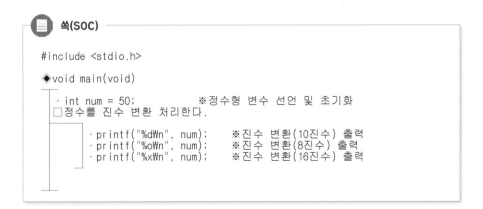

📋 쏙(SOC)

```
#include <stdio.h>

◆void main(void)

 ┌ · int num = 50;          ※정수형 변수 선언 및 초기화
 □정수를 진수 변환 처리한다.
 │    · printf("%d₩n", num);     ※진수 변환(10진수) 출력
 │    · printf("%o₩n", num);     ※진수 변환(8진수) 출력
 │    · printf("%x₩n", num);     ※진수 변환(16진수) 출력
 └
```

프로그램

```
#include <stdio.h>

void main(void) {
  int num = 50;          // 정수형 변수 선언 및 초기화

  //.정수를 진수 변환 처리한다.
  {
    printf("%d\n", num);    // 진수 변환(10진수) 출력
    printf("%o\n", num);    // 진수 변환(8진수) 출력
    printf("%x\n", num);    // 진수 변환(16진수) 출력
  }
}
```

실행 화면

```
C:\Windows\system32\cmd.exe
50
62
32
계속하려면 아무 키나 누르십시오 . . .
```

예제 2.3.3 ② C++언어에서의 정수의 진수 변환 출력

쏙(SOC)

```
#include <iostream>
using namespace std;

◆void main()
  · int num = 50;                    ※정수형 변수 선언 및 초기화
  □정수를 진수 변환 처리한다.
      · cout << dec << num << '\n';   ※진수 변환(10진수) 출력
      · cout << oct << num << '\n';   ※진수 변환(8진수) 출력
      · cout << hex << num << '\n';   ※진수 변환(16진수) 출력
```

프로그램

```cpp
#include <iostream>
using namespace std;

void main() {
  int num = 50;              // 정수형 변수 선언 및 초기화

  //.정수를 진수 변환 처리한다.
  {
    cout << dec << num << '\n';     // 진수 변환(10진수) 출력
    cout << oct << num << '\n';     // 진수 변환(8진수) 출력
    cout << hex << num << '\n';     // 진수 변환(16진수) 출력
  }
}
```

실행 화면

```
C:\Windows\system32\cmd.exe
50
62
32
계속하려면 아무 키나 누르십시오 . . .
```

cin(console input)의 경우에도 사용법은 단순합니다. cin의 예를 2개만 들어보기로 하겠습니다.

예제 2.3.4 ① C언어에서의 정수의 표준 입출력

쏙(SOC)

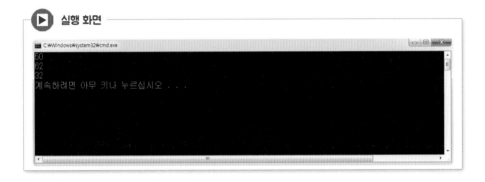

```c
#include <stdio.h>

◆void main(void)

  · int age;                              ※정수형 변수 선언
  □나이를 입출력 처리한다.

      □나이를 입력받는다.

          · printf("나이를 입력하세요= ");   ※문자열 출력
          · scanf_s("%d", &age, 3);  ※정수 입력받아 정수형 변수에 저장

    ⓪        ①
```

```
ⓞ   ①
        □입력받은 나이 값을 출력한다.
            ·printf("당신의 나이는 ");          ※문자열 출력
            ·printf("%d살입니다. \n", age);   ※문자열과 정수형 변수 출력
```

프로그램

```c
#include <stdio.h>

void main(void) {
  int age;                          // 정수형 변수 선언

  //.나이를 입출력 처리한다.
  {

    //.나이를 입력받는다.
    {
      printf("나이를 입력하세요= ");     // 문자열 출력
      scanf_s("%d", &age, 3);   // 정수 입력받아 정수형 변수에 저장
    }

    //.입력받은 나이 값을 출력한다.
    {
      printf("당신의 나이는 ");            // 문자열 출력
      printf("%d살입니다. \n", age);  // 문자열과 정수형 변수 출력
    }
  }
}
```

실행 화면

```
C:\Windows\system32\cmd.exe
나이를 입력하세요= 20
당신의 나이는 20살입니다.
계속하려면 아무 키나 누르십시오 . . . .
```

예제 2.3.4 ② C++언어에서의 정수의 표준 입출력

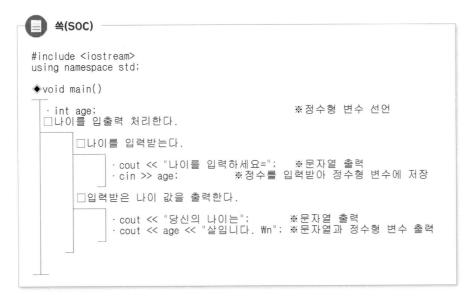

쏙(SOC)

```
#include <iostream>
using namespace std;

◆void main()
    ·int age;                          ※정수형 변수 선언
    □나이를 입출력 처리한다.

        □나이를 입력받는다.

            ·cout << "나이를 입력하세요=";   ※문자열 출력
            ·cin >> age;                ※정수를 입력받아 정수형 변수에 저장

        □입력받은 나이 값을 출력한다.

            ·cout << "당신의 나이는";        ※문자열 출력
            ·cout << age << "살입니다. \n";  ※문자열과 정수형 변수 출력
```

프로그램

```
#include <iostream>
using namespace std;

void main() {
  int age;                          // 정수형 변수 선언

  //.나이를 입출력 처리한다.
  {

    //.나이를 입력받는다.
    {
      cout << "나이를 입력하세요=";   // 문자열 출력
      cin >> age;          // 정수를 입력받아 정수형 변수에 저장
    }

    //.입력받은 나이 값을 출력한다.
    {
      cout << "당신의 나이는";           // 문자열 출력
      cout << age << "살입니다. \n"; // 문자열과 정수형 변수 출력
    }
  }
}
```

실행 화면

```
C:\Windows\system32\cmd.exe
나이를 입력하세요= 20
당신의 나이는 20살입니다.
계속하려면 아무 키나 누르십시오 . . .
```

예제 2.3.5 ① C언어에서의 문자열의 표준 입출력

쏙(SOC)

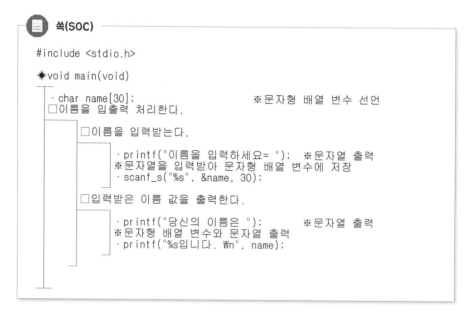

```
#include <stdio.h>

◆void main(void)

   · char name[30];                    ※문자형 배열 변수 선언
   □이름을 입출력 처리한다.

      □이름을 입력받는다.

         · printf("이름을 입력하세요= ");   ※문자열 출력
         ※문자열을 입력받아 문자형 배열 변수에 저장
         · scanf_s("%s", &name, 30);

      □입력받은 이름 값을 출력한다.

         · printf("당신의 이름은 ");          ※문자열 출력
         ※문자형 배열 변수와 문자열 출력
         · printf("%s입니다. \n", name);
```

프로그램

```
#include 〈stdio.h〉

void main(void) {
   char name[30];                    // 문자형 배열 변수 선언

   //.이름을 입출력 처리한다.
   {

      //.이름을 입력받는다.
```

```
    {
        printf("이름을 입력하세요= ");  // 문자열 출력
        // 문자열을 입력받아 문자형 배열 변수에 저장
        scanf_s("%s", &name, 30);
    }

    //.입력받은 이름 값을 출력한다.
    {
        printf("당신의 이름은 ");      // 문자열 출력
        // 문자형 배열 변수와 문자열 출력
        printf("%s입니다. \n", name);
    }
  }
}
```

▶ 실행 화면

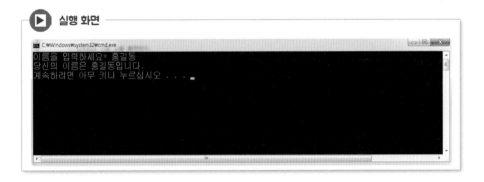

예제 2.3.5 ② C++언어에서의 문자열의 표준 입출력

쏙(SOC)

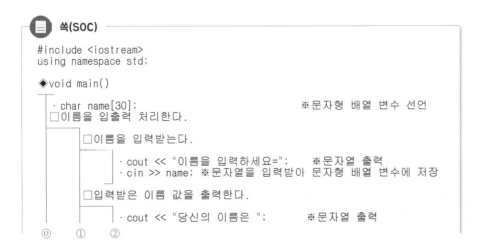

```
  ⓪     ①      ②
  │      │      │      ※문자형 배열 변수와 문자열 출력
  │      │      └─     · cout << name << "입니다.₩n";
  │      │
  │      └──
  │
  └──────
```

📋 프로그램

```cpp
#include <iostream>
using namespace std;

void main() {
  char name[30];                    // 문자형 배열 변수 선언

  //.이름을 입출력 처리한다.
  {

    //.이름을 입력받는다.
    {
      cout << "이름을 입력하세요=";   // 문자열 출력
      cin >> name;   // 문자열을 입력받아 문자형 배열 변수에 저장
    }

    //.입력받은 이름 값을 출력한다.
    {
      cout << "당신의 이름은 ";        // 문자열 출력
      // 문자형 배열 변수와 문자열 출력
      cout << name << "입니다.₩n";
    }
  }
}
```

▶ 실행 화면

```
C:₩Windows₩system32₩cmd.exe
이름을 입력하세요= 홍길동
당신의 이름은 홍길동입니다.
계속하려면 아무 키나 누르십시오 . . .
```

 2.4 상수와 변수의 선언

C++언어에서는 상수(constant)를 선언함에 있어서, C언어와는 달리 const라는 예약어를 사용하여, 마치 변수를 선언해주는 것처럼 해 줄 수 있습니다.

C언어와 C++언어의 상수 선언 방법의 차이를 나타내면 다음과 같습니다.

예제 2.4.1 ①　C언어에서의 상수 선언을 통한 배열 크기의 지정

쏙(SOC)

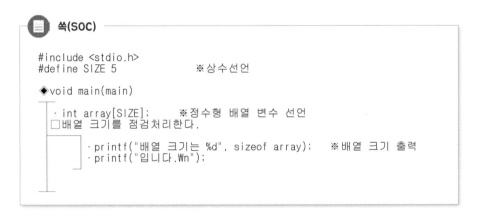

```
#include <stdio.h>
#define SIZE 5              ※상수선언

◆void main(main)

   · int array[SIZE];     ※정수형 배열 변수 선언
   □배열 크기를 점검처리한다.
         · printf("배열 크기는 %d", sizeof array);   ※배열 크기 출력
         · printf("입니다.\n");
```

프로그램

```
#include <stdio.h>
#define SIZE 5            //상수선언

void main(main) {
  int array[SIZE];     // 정수형 배열 변수 선언

  //.배열 크기를 점검처리한다.
  {
    printf("배열 크기는 %d", sizeof array);  // 배열 크기 출력
    printf("입니다.\n");
  }
}
```

▶ 실행 화면

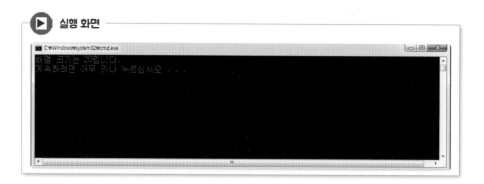

```
C:\Windows\system32\cmd.exe
배열 크기는 20입니다.
계속하려면 아무 키나 누르십시오 . . .
```

예제 2.4.1 ② C++언어에서의 상수 선언을 통한 배열 크기의 지정

📋 쏙(SOC)

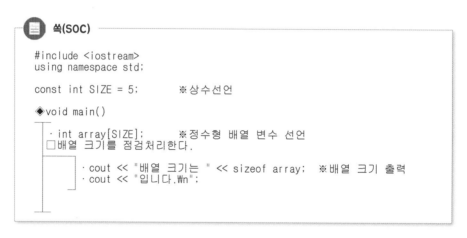

```
#include <iostream>
using namespace std;

const int SIZE = 5;          ※상수선언

◆void main()
    · int array[SIZE];        ※정수형 배열 변수 선언
    □배열 크기를 점검처리한다.
            · cout << "배열 크기는 " << sizeof array;  ※배열 크기 출력
            · cout << "입니다.\n";
```

📋 프로그램

```
#include <iostream>
using namespace std;

const int SIZE = 5;       //상수선언

void main() {
  int array[SIZE];     // 정수형 배열 변수 선언

  //.배열 크기를 점검처리한다.
  {
    cout << "배열 크기는 " << sizeof array;  // 배열 크기 출력
    cout << "입니다.\n";
  }
}
```

C언어와 C++언어의 상수 선언 방법의 차이를 나타내면 다음과 같습니다.

C   : #define SIZE 5

C++ : const int SIZE = 5;

  C언어에서는 상수(常數, constant)를 정의해 줄 때 선행처리기(preprocessor)를 사용해야 하기 때문에, 반드시 프로그램의 바깥에서 #define 문을 이용해서 상수를 정의해 주었지만, C++언어에서는 프로그램의 바깥에서는 물론 프로그램 내의 필요한 부분에서 필요에 따라 적절하게 상수를 선언하여 사용해 줄 수 있도록 개선이 이루어졌습니다.

  상수를 선언하여 사용하는 실제 프로그램의 예를 두 가지만 들어보겠습니다.

예제 2.4.2 ① C언어에서의 상수 선언을 통한 기본 거품 정렬

📋 쏙(SOC)

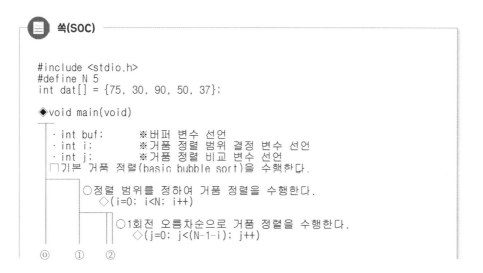

```
⓪   ①   ②
                    △오름차순으로 데이터를 정렬한다.
                     ◇(dat[j] > dat[j+1])

                  T  ※앞 데이터를 버퍼 영역으로 이동
                     ·buf = dat[j];
                     ※뒷 데이터를 앞 데이터 영역으로 이동
                     ·dat[j] = dat[j+1];
                     ※버퍼에 있던 데이터를 뒷 데이터 영역으로 이동
                     ·dat[j+1] = buf;


         ○정렬이 끝난 데이터를 출력한다.
          ◇(i=0; i<N; i++)

              ·printf("%d\n", dat[i]);
```

📋 프로그램

```c
#include <stdio.h>
#define N 5
int dat[] = {75, 30, 90, 50, 37};

void main(void) {
    int buf;        // 버퍼 변수 선언
    int i;          // 거품 정렬 범위 결정 변수 선언
    int j;          // 거품 정렬 비교 변수 선언

    //.기본 거품 정렬(basic bubble sort)을 수행한다.
    {

        //.정렬 범위를 정하여 거품 정렬을 수행한다.
        for (i=0; i<N; i++) {

            //.1회전 오름차순으로 거품 정렬을 수행한다.
            for (j=0; j<(N-1-i); j++) {

                //.오름차순으로 데이터를 정렬한다.
                if (dat[j] > dat[j+1])        {
                    // 앞 데이터를 버퍼 영역으로 이동
                    buf = dat[j];
                    // 뒷 데이터를 앞 데이터 영역으로 이동
                    dat[j] = dat[j+1];
                    // 버퍼에 있던 데이터를 뒷 데이터 영역으로 이동
```

```
            dat[j+1] = buf;
        }
    }
}

//.정렬이 끝난 데이터를 출력한다.
for (i=0; i<N; i++) {
    printf("%d\n", dat[i]);
}
}
}
```

▶ 실행 화면

```
C:\Windows\system32\cmd.exe
30
37
50
75
90
계속하려면 아무 키나 누르십시오 . . .
```

예제 2.4.2 ② C++언어에서의 상수 선언을 통한 기본 거품 정렬

쏙(SOC)

```
#include <iostream>
using namespace std;

const int N = 5;
int dat[] = {75, 30, 90, 50, 37};

◆void main(void)

 ·int buf;        ※버퍼 변수 선언
 ·int i;          ※거품 정렬 범위 결정 변수 선언
 ·int j;          ※거품 정렬 비교 변수 선언
 □기본 거품 정렬(basic bubble sort)을 수행한다.

            ○정렬 범위를 정하여 거품 정렬을 수행한다.
            ◇(i=0; i<N; i++)

                ○1회전 오름차순으로 거품 정렬을 수행한다.
                ◇(j=0; j<(N-1-i); j++)

                    △오름차순으로 데이터를 정렬한다.
                    ◇(dat[j] > dat[j+1])
  ⓞ      ①      ②      ③
```

```
T  ※앞 데이터를 버퍼 영역으로 이동
   · buf = dat[j];
   ※뒷 데이터를 앞 데이터 영역으로 이동
   · dat[j] = dat[j+1];
   ※버퍼에 있던 데이터를 뒷 데이터 영역으로 이동
   · dat[j+1] = buf;

○정렬이 끝난 데이터를 출력한다.
  ◇( i=0;  i<N;  i++)
   · cout << dat[i] << 'Wn';
```

프로그램

```cpp
#include <iostream>
using namespace std;

const int N = 5;
int dat[] = {75, 30, 90, 50, 37};

void main(void) {
    int buf;        // 버퍼 변수 선언
    int i;          // 거품 정렬 범위 결정 변수 선언
    int j;          // 거품 정렬 비교 변수 선언

    //.기본 거품 정렬(basic bubble sort)을 수행한다.
    {

        //.정렬 범위를 정하여 거품 정렬을 수행한다.
        for (i=0; i<N; i++) {

            //.1회전 오름차순으로 거품 정렬을 수행한다.
            for (j=0; j<(N-1-i); j++) {

                //.오름차순으로 데이터를 정렬한다.
                if (dat[j] > dat[j+1]) {
                    // 앞 데이터를 버퍼 영역으로 이동
                    buf = dat[j];
                    // 뒷 데이터를 앞 데이터 영역으로 이동
                    dat[j] = dat[j+1];
                    // 버퍼에 있던 데이터를 뒷 데이터 영역으로 이동
```

```
                dat[j+1] = buf;
            }
        }
    }

    //.정렬이 끝난 데이터를 출력한다.
    for (i=0; i<N; i++) {
        cout << dat[i] << '\n';
    }
    }
}
```

▶ **실행 화면**

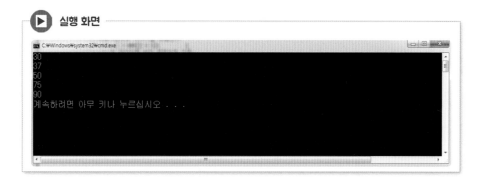

예제 2.4.3 ① C언어에서의 상수 선언을 통한 기본 선택 정렬

📄 **쏙(SOC)**

```
#include <stdio.h>
#define N 5
int dat[] = { 30, 60, 25, 70, 15 };

◆void main(void)

  · int buf;         ※버퍼 변수 선언
  · int i;           ※선택 정렬 기준 변수 선언
  · int j;           ※선택 정렬 비교 변수 선언
  □기본 선택 정렬을 수행한다.

      ○정렬 범위를 정하여 선택 정렬을 수행한다.
        ◇(I=0, I<N-1, I++)

          ○1회전 오름차순으로 선택 정렬을 수행한다.
            ◇(j=i+1; j<N; j++)

              △오름차순으로 데이터를 정렬한다.
                ◇(dat[i] > dat[j])

  ◎        ①        ②        ③
```

```
                T ※i데이터를 버퍼 영역으로 이동
                  · buf = dat[i];
                ※j데이터를 i데이터 영역으로 이동
                  · dat[i] = dat[j];
                ※버퍼에 있던 데이터를 j 데이터 영역으로 이동
                  · dat[j] = buf;

      ○정렬이 끝난 데이터를 출력한다.
        ◇(i=0; i<N; i++)
                  · printf("%dWn", dat[i]);
```

프로그램

```c
#include <stdio.h>
#define N 5
int dat[] = { 30, 60, 25, 70, 15 };

void main(void) {
  int buf;      // 버퍼 변수 선언
  int i;        // 선택 정렬 기준 변수 선언
  int j;        // 선택 정렬 비교 변수 선언

  //.기본 선택 정렬을 수행한다.
  {

    //.정렬 범위를 정하여 선택 정렬을 수행한다.
    for (i=0; i<N-1; i++) {

      //.1회전 오름차순으로 선택 정렬을 수행한다.
      for (j=i+1; j<N; j++) {

        //.오름차순으로 데이터를 정렬한다.
        if (dat[i] > dat[j])      {
          // i데이터를 버퍼 영역으로 이동
          buf = dat[i];
          // j데이터를 i데이터 영역으로 이동
          dat[i] = dat[j];
          // 버퍼에 있던 데이터를 j 데이터 영역으로 이동
          dat[j] = buf;
        }
      }
```

```
      }

   //.정렬이 끝난 데이터를 출력한다.
   for (i=0; i<N; i++) {
      printf("%d\n", dat[i]);
   }
 }
}
```

▶ 실행 화면

```
C:\Windows\system32\cmd.exe
15
25
30
60
70
계속하려면 아무 키나 누르십시오 . . .
```

예제 2.4.3 ② C++언어에서의 상수 선언을 통한 기본 선택 정렬

📄 쏙(SOC)

```
#include <iostream>
using namespace std;

const int N = 5;
int dat[] = { 30, 60, 25, 70, 15 };

◆void main(void)

  ·int buf;       ※버퍼 변수 선언
  ·int i;         ※선택 정렬 기준 변수 선언
  ·int j;         ※선택 정렬 비교 변수 선언
  □기본 선택 정렬을 수행한다.

          ○정렬 범위를 정하여 선택 정렬을 수행한다.
             ◇(i=0; i<N-1; i++)

                 ○1회전 오름차순으로 선택 정렬을 수행한다.
                    ◇(j=i+1; j<N; j++)

                        △오름차순으로 데이터를 정렬한다.
                           ◇(dat[i] > dat[j])

                            T ※i데이터를 버퍼 영역으로 이동
                              ·buf = dat[i];

    ◎     ①     ②     ③     ④
```

⓪　①　②　③　④

※j데이터를 i데이터 영역으로 이동
· dat[i] = dat[j];
※버퍼에 있던 데이터를 j 데이터 영역으로 이동
· dat[j] = buf;

○정렬이 끝난 데이터를 출력한다.
◇(i=0; i<N; i++)

· cout << dat[i] << 'Wn';

프로그램

```cpp
#include <iostream>
using namespace std;

const int N = 5;
int dat[] = { 30, 60, 25, 70, 15 };

void main(void) {
  int buf;     // 버퍼 변수 선언
  int i;       // 선택 정렬 기준 변수 선언
  int j;       // 선택 정렬 비교 변수 선언

  //.기본 선택 정렬을 수행한다.
  {

    //.정렬 범위를 정하여 선택 정렬을 수행한다.
    for (i=0; i<N-1; i++) {

      //.1회전 오름차순으로 선택 정렬을 수행한다.
      for (j=i+1; j<N; j++) {

        //.오름차순으로 데이터를 정렬한다.
        if (dat[i] > dat[j])     {
          // i데이터를 버퍼 영역으로 이동
          buf = dat[i];
          // j데이터를 i데이터 영역으로 이동
          dat[i] = dat[j];
          // 버퍼에 있던 데이터를 j 데이터 영역으로 이동
          dat[j] = buf;
        }
```

```
      }
    }

    //.정렬이 끝난 데이터를 출력한다.
    for (i=0; i<N; i++) {
      cout << dat[i] << 'Wn';
    }
  }
}
```

C++언어에서는 변수(變數, variable)의 선언도 자유롭게 할 수 있습니다.

마치 BASIC언어에서 변수를 사용하는 것처럼, 변수가 필요한 시기에 필요한 곳에서 선언하여 사용할 수 있습니다.

예제 2.4.4 변수선언의 자유성 1

📄 쏙(SOC)

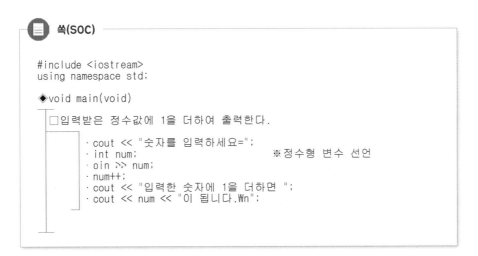

```
#include <iostream>
using namespace std;

◆void main(void)

  □입력받은 정수값에 1을 더하여 출력한다.

    · cout << "숫자를 입력하세요=";
    · int num;                    ※정수형 변수 선언
    · oin >> num;
    · num++;
    · cout << "입력한 숫자에 1을 더하면 ";
    · cout << num << "이 됩니다.Wn";
```

📋 **프로그램**

```cpp
#include <iostream>
using namespace std;

void main(void) {

  //.입력받은 정수값에 1을 더하여 출력한다.
  {
    cout << "숫자를 입력하세요=";
    int num;                    // 정수형 변수 선언
    cin >> num;
    num++;
    cout << "입력한 숫자에 1을 더하면 ";
    cout << num << "이 됩니다.\n";
  }
}
```

▶️ **실행 화면**

```
C:\Windows\system32\cmd.exe
숫자를 입력하세요=20
입력한 숫자에 1을 더하면 21이 됩니다.
계속하려면 아무 키나 누르십시오 . . .
```

예제 2.4.5 | 변수선언의 자유성 2

📋 **쏙(SOC)**

```cpp
#include <iostream>
using namespace std;
```

◆void main(void)

　　□정수를 10회 출력한다.

　　　　○제어변수 cnt 값을 10회 출력한다.
　　　　　◇(int cnt=0; cnt<10; cnt++)　　※정수형 변수 선언 및 초기화

　　　　　　　·cout << "제어변수의 값은";
　　　　　　　·cout << cnt << "입니다.\n";

프로그램

```cpp
#include <iostream>
using namespace std;

void main(void) {

  //.정수를 10회 출력한다.
  {

    //.제어변수 cnt 값을 10회 출력한다.
    for ( int cnt=0; cnt<10; cnt++ ) {    // 정수형 변수 선언 및 초기화
      cout << "제어변수의 값은";
      cout << cnt << "입니다.\n";
    }
  }
}
```

실행 화면

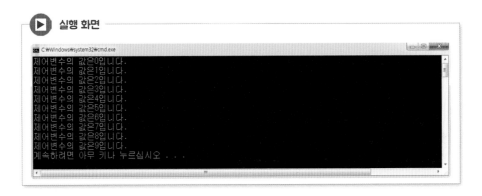

변수는 크게 지역 변수(地域變數, local variable)와 전역 변수(全域變數, global variable)로
나뉩니다.

구 분	내 용
지역 변수	• 메소드(멤버 함수) 내의 필요 영역에서 선언 • 메소드(멤버 함수) 내에서의 선언된 영역 내에서만 유효
전역 변수	• 메소드(멤버 함수) 바깥에서 선언 • 선언 이후의 해당 클래스의 모든 메소드(멤버 함수)에서 유효

함수 실행 시에 스택(stack)을 이용하여 기억 영역(memory)을 확보하였다가, 실행 완료 시에 제거하는 자동 변수(自動變數, auto variable)는 지역 변수(local variable)에 해당하고, 프로그램 실행 시에 주기억장치에 확보한 기억 영역이 지워지지 않는 정적 변수(靜的變數, static variable)는 전역 변수(global variable)에 해당합니다.

C++언어를 비롯한 객체지향 언어의 중요한 특징 중의 하나는 정보 저장소로서 지역 변수(地域變數, local variable)를 적극적으로 사용한다는 점입니다.

지역 변수는 자료 저장소인 변수 영역(variable area)에 메소드(멤버 함수)라고 불리는 어느 절차(procedure)에서도 마음대로 접근할 수 없도록 외부에 대해 은폐하고 있는 변수입니다.

그것은 마치 은행의 금고를 외부에 대해 은폐하고 있는 것과 같습니다.

은행의 금고를 외부에 대해 은폐시키고, 책임 있는 은행원으로 하여금 내부 금고 관리를 시키면서, 고객들이 입출금을 원할 때에는 책임 있는 은행원을 통해 입출금을 행할 수 있게 한다면 어떠할까요?

당연히 은행 금고의 관리가 충실해지고, 예금액의 분실이나 차이가 발생할 경우에도 책임 소재가 분명해지기 때문에 은행 관리에 드는 시간과 노력을 줄일 수 있을 것입니다.

이처럼, 객체지향 방법(客體指向方法)에서 강조하는 지역 변수의 사용은 문제를 국소화(局所化, localize)하여 지방 자치(地方自治, site autonomy)적으로 해결할 수 있다는 점에서 소프트웨어의 개발 생산성(development productivity)과 유지보수성(maintainability)을 향상시키는 데 도움을 줍니다.

2.5 내정 인수와 inline함수

C++언어에서는 메소드(method)라고 불리는 멤버 함수(member function)를 선언해 줄 때, 내정값(default value)을 지정하여 초기화해 줄 수 있습니다. 내정값은 별도로 지정이 이루어지지 않을 경우에, 프로그램에서 알아서 지정하는 값을 뜻합니다. 내정값(default value)을 사용해 주면 여러 가지로 편리합니다.

예를 들어서, 함수 원형(函數模型, function prototype)을 다음과 같이 설정하여 내정값을 지정해 주었을 경우를 생각해 보겠습니다.

```
void display(int = 1, float = 3.3, long = 4);
```

예제 2.5.1 내정 인수

쏙(SOC)

```
#include <iostream>
using namespace std;

void display(int =1, float = 3.3, long = 4);    ※함수의 내정값 지정

◆void main(void)
   □수치값을 출력 처리한다.
         ■display();
         ■display(7);
         ■display(8, 2.2);
         ■display(10, 5.7, 14);


◆void display(int first, float second, long third)
   □수치값을 출력한다.
         ·cout << "first =" << first;
         ·cout << ", second=" << second;
         ·cout << ", third=" << third << '\n';
```

프로그램

```
#include <iostream>
using namespace std;

void display(int =1, float = 3.3, long = 4);   //함수의 내정값 지정

void main(void) {

  //.수치값을 출력 처리한다.
  {
    display();
    display(7);
    display(8, 2.2);
    display(10, 5.7, 14);
  }
}

void display(int first, float second, long third) {

  //.수치값을 출력한다.
  {
    cout << "first =" << first;
    cout << ", second=" << second;
    cout << ", third=" << third << '\n';
  }
}
```

실행 화면

```
C:\Windows\system32\cmd.exe
first =1, second=3.3, third=4
first =7, second=3.3, third=4
first =8, second=2.2, third=4
first =10, second=5.7, third=14
계속하려면 아무 키나 누르십시오 . . .
```

이 경우에 함수를 사용할 때 지정하는 값은 다음과 같습니다.

display(); → (1, 3.3, 4) 를 지정함
display(7); → (7, 3.3, 4) 를 지정함
display(8, 2.2); → (8, 2.2, 4) 를 지정함
display(10, 5.7, 14) → (10, 5.7, 14) 를 지정함

C++언어에서는 인라인 함수(inline function)라는 새로운 형태의 함수도 정의해서 사용해
줄 수 있습니다.

인라인 함수(inline function)

호출이 이루어질 때마다 원시 프로그램상의 호출받은 곳에 원시 프로그램 형식
으로 삽입하는 함수

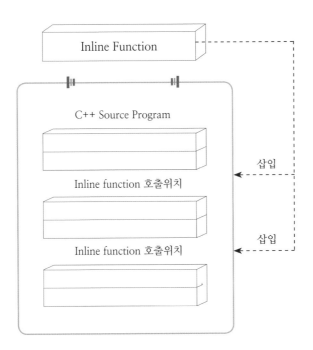

인라인 함수(inline function)는 어셈블리(assembly) 언어의 매크로(MACRO) 명령과 같이, 원시 프로그램(source program)에 펼쳐서 결합하고자 할 때 사용하는 함수입니다. 인라인 함수는 일단 작성하기만 하면, 프로그램 내의 호출 부분에 마치 함수를 새로 작성해 넣는 것처럼 일일이 삽입을 통해 결합이 이루어집니다.

그렇게 결합이 이루어지면, 실행 프로그램의 속도가 약간 빨라지는 효과가 납니다.

이 방법은 그다지 크지 않은 프로그램에 적용할 때 쓰이며, 되풀이 루틴(iterative routine) 속에 적용하는 경우에는 프로그램의 길이가 비정상적으로 길어지는 문제가 생길 수 있으므로 주의해야 합니다.

예제 2.5.2 문자열 출력 inline 함수

쏙(SOC)

```
#include <iostream>
using namespace std;
#include <stdlib.h>

◆inline void display_message(char *s)

  □문자열을 출력한다.

       · cout << s << 'Wn';


◆void main(void)

  □문자열을 출력 처리한다.

       ■display_message("inline함수 실험");
       ■display_message("====================");
       ■display_message("소프트웨어품질기술원");
```

프로그램

```
#include <iostream>
using namespace std;
#include <stdlib.h>

inline void display_message(char *s) {

   //.문자열을 출력한다.
   {
```

```
        cout << s << 'Wn';
    }
}

void main(void) {

    //.문자열을 출력 처리한다.
    {
        display_message("inline함수 실험");
        display_message("====================");
        display_message("소프트웨어품질기술원");
    }
}
```

▶ 실행 화면

예제 2.5.3 변환 inline 함수

📄 쏙(SOC)

```
#include <iostream>
using namespace std;

const float m_to_k = 1.6093;

◆inline double convert_m2k(int mile)

  · double kilo;              ※배정도실수형 변수 선언
  □mile을 km로 변환하여 되돌린다.

        · kilo = mile * m_to_k;
        · return(kilo);
```

```
◆void main(void)
 ┬ · int mile;
 │ · int kilo;
 │ ○mile을 km로 변환 처리한다.
 │       ┌ · cout << "mile을 입력하세요=";
 │       │ · cin >> mile;
 │       │ ■kilo = convert_m2k(mile);        ※convert_m2k inline함수 호출
 │       │ · cout << mile << " miles = ";
 │       │ · cout << kilo << " km₩n";
 T─     ◇(!(mile>0))
```

📋 프로그램

```cpp
#include <iostream>
using namespace std;

const float m_to_k = 1.6093;

inline double convert_m2k(int mile) {
    double kilo;           // 배정도실수형 변수 선언

    //.mile을 km로 변환하여 되돌린다.
    {
        kilo = mile * m_to_k;
        return(kilo);
    }
}

void main(void) {
    int mile;
    int kilo;

    //.mile을 km로 변환 처리한다.
    do {
        cout << "mile을 입력하세요=";
        cin >> mile;
        kilo = convert_m2k(mile);           // convert_m2k inline함수 호출
        cout << mile << " miles = ";
        cout << kilo << " km₩n";
    } while(!(mile>0));
}
```

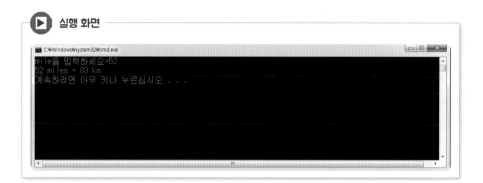

실행 화면

```
C:\Windows\system32\cmd.exe

mile을 입력하세요=52
52 miles = 83 km
계속하려면 아무 키나 누르십시오 . . .
```

2.6 new와 delete

> **new**
>
> C++ 프로그램 실행 중에 기억 영역을 동적으로 확보할 때 사용하며, C의 malloc 기능에 해당

> **delete**
>
> 동적으로 확보한 기억 영역을 해제할 때 사용하며, C의 free 기능에 해당

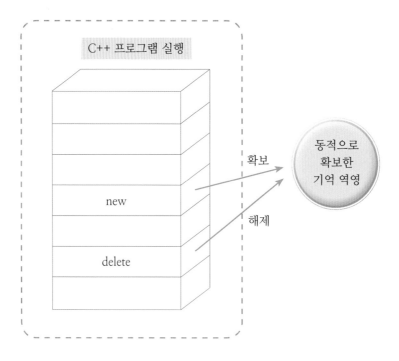

C에서는 malloc(memory allocation) 함수를 이용하여 기억 영역을 동적으로 확보하고, free 함수를 이용하여 동적으로 확보한 기억 영역을 해제하지만, C++에서는 new 연산자를 이용하여 기억 영역을 동적으로 확보하고, delete 연산자를 이용하여 동적으로 확보한 기억 영역을 해제합니다.

new 연산자를 이용하여 기억 영역을 동적으로 확보하는 방법은 다음과 같습니다.

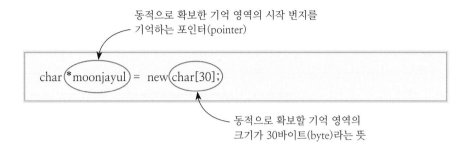

또한, new 연산자를 이용하여 아래와 같이 선언하면, 정수형의 기억 영역 3개를 동적으로 확보한다는 것을 뜻합니다.

date *sengil = new int[3];

확보한 기억 영역을 해제할 때에는 아래와 같이 delete 연산자 뒤에 포인터 변수(pointer variable)의 이름만 써주면 됩니다.

delete sengil;

예제 2.6.1 정수형 배열 영역의 동적 확보

📄 쏙(SOC)

```
#include <iostream>
using namespace std;

◆void main(void)

·int *sengil = new int[3];      ※정수형 배열 영역 3개 동적 확보
□생일을 출력한다.

  ·sengil[0] = 2009;            ※정수형 배열 변수에 정수 대입
  ·sengil[1] = 12;
  ·sengil[2] = 17;
  ·cout << "서의 생일은 " << sengil[0] << "년 " ;
  ·cout << sengil[1] << "월 " << sengil[2] << "일입니다.\n";

·delete sengil;                ※확보한 정수형 배열 영역 해제
```

📋 프로그램

```
#include <iostream>
using namespace std;

void main(void) {
  int *sengil = new int[3];      // 정수형 배열 영역 3개 동적 확보

  //.생일을 출력한다.
  {
    sengil[0] = 2009;        // 정수형 배연 변수에 정수 대입
    sengil[1] = 12;
    sengil[2] = 17;
    cout << "저의 생일은 " << sengil[0] << "년 " ;
    cout << sengil[1] << "월 " << sengil[2] << "일입니다.\n";
  }
  delete sengil;               // 확보한 정수형 배열 영역 해제
}
```

▶ 실행 화면

기억 영역의 동적 확보 예를 2가지만 더 들겠습니다.

┌─────────────┐
│ 예제 2.6.2 │ 임의 정수 배열 크기의 기억 영역 동적 확보
└─────────────┘

📋 쏙(SOC)

```
#include <iostream>
using namespace std;
#include <stdlib.h>

◆void main(void)
  │ · int size;
  │ · int i;
  ⊙
```

ⓞ

```
· cout << "배열 크기를 입력하세요=";
· cin >> size;
· int *array = new int[size];  ※임의 정수 배열 크기의 기억 영역 동적 확보
□난수를 출력 처리한다.
      ○난수를 발생시켜 배열에 넣는다.
        ◇(i=0; i<size; i++)
              · array[i] = rand();
      ○배열값을 출력한다.
        ◇(i=0; i<size; i++)
              · cout << array[i] << 'Wn';

· delete array;                        ※확보한 기억 영역 해제
```

📋 **프로그램**

```cpp
#include <iostream>
using namespace std;
#include <stdlib.h>

void main(void) {
  int size;
  int i;
  cout << "배열 크기를 입력하세요=";
  cin >> size;
  int *array = new int[size];  // 임의 정수 배열 크기의 기억 영역 동적 확보

  //.난수를 출력 처리한다.
  {

    //.난수를 발생시켜 배열에 넣는다.
    for (i=0; i<size; i++) {
      array[i] = rand();
    }

    //.배열값을 출력한다.
    for (i=0; i<size; i++) {
      cout << array[i] << 'Wn';
    }
  }
  delete array;                // 확보한 기억 영역 해제
}
```

▶ 실행 화면

예제 2.6.3 구조체 기억 영역의 동적 확보

📄 쏙(SOC)

```cpp
#include <iostream>
using namespace std;

struct Nalja
{
  int year;
  int month;
  int day;
};

◆void main(void)

  ·Nalja *sengil = new Nalja;        ※구조체 기억 영역의 동적 확보
  □생일을 출력한다.

        ·sengil->year = 2009;
        ·sengil->month = 12;
        ·sengil->day = 17;
        ·cout << "저의 생일은 " << sengil->year << "년 ";
        ·cout << sengil->month << "월 " << sengil->day << "일입니다.₩n";

  ·delete sengil;                    ※확보한 기억 영역 해제
```

📄 프로그램

```cpp
#include <iostream>
using namespace std;

struct Nalja
{
  int year;
  int month;
```

```
    int day;
};

void main(void) {
    Nalja *sengil = new Nalja;      // 구조체 기억 영역의 동적 확보

    //.생일을 출력한다.
    {
        sengil->year = 2009;
        sengil->month = 12;
        sengil->day = 17;
        cout << "저의 생일은 " << sengil->year << "년 ";
        cout << sengil->month << "월 " << sengil->day << "일입니다.\n";
    }
    delete sengil;                  // 확보한 기억 영역 해제
}
```

▶ 실행 화면

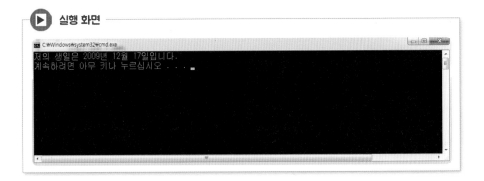

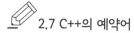

2.7 C++의 예약어

C++의 예약어(reserved word)는 많은 부분이 C의 예약어와 동일하며, 추가된 예약어도 가지고 있습니다.

C와 동일한 예약어는 다음과 같습니다.

asm	auto	break	case
char	continue	default	do
double	else	enum	extern
float	for	goto	if
int	long	register	return
short	sizeof	static	struct
switch	typedef	union	unsigned
void	while		

추가 예약어의 기능은 다음과 같습니다.

예약어	기 능
class	객체(object)를 제작하는 클래스 형틀(class template)을 정의
const	상수(constant)를 정의
delete	동적으로 확보한 기억 영역을 해제
friend	클래스를 다른 클래스나 함수의 친구로 선언
inline	인라인 함수(inline function)를 정의
new	기억 영역을 동적으로 확보
operator	연산자를 오버로드
private	클래스의 정보 은폐한 영역을 표시
protected	클래스의 정보 보호한 영역을 표시
public	클래스의 정보 공개한 영역을 표시
this	해당 클래스에 의한 객체 자신에 대한 포인터
virtual	클래스의 가상 함수를 선언

C++의 예약어 중에서 다음 장부터는 객체(object)를 제작하는 클래스 형틀을 의미하는 class 부터 차근차근 배워나가겠습니다.

연습문제

01 C언어와 C++언어 간의 표준 입출력 측면에서의 차이점을 구체적인 사례를 들어서 비교하고 프로그래밍 상의 편의성의 정도에 대해 토론해 보세요.

02 C언어와 C++언어 간의 상수와 변수의 선언 및 사용상의 유사점과 상이점을 조사하고, C++언어에서 특화시킨 부분은 없는지 토론해 보세요.

03 C언어, C++언어, C#언어, Java언어의 장단점을 비교하고, 향후 프로그래밍 능력의 기본을 확고히 강화하기 위해 C언어와 C++언어를 확실하게 익혀두어야 할 필요성에 대해 토론해 보세요.

04 C++언어에서 사용하는 내정 인수(Default Argument)와 inline함수에 대해 실제 사례를 들어서 구체적으로 조사하여 정리한 후, 실제 프로그래밍 현장에서 이들 개념을 적용할 때의 유의 사항에 대해 토론해 보세요.

05 메모리를 확보하고 해제함에 있어서 C++언어와 Java언어의 차이점을 세부적으로 조사하고, 그로 인한 장단점에 대해 토론해 보세요.

제 3 장

객체의 기본 개념

3.1 객체란 무엇인가?

우리 인간은 태어나면서부터 주위의 사물(事物)을 대상(object)으로 인식하면서 살아갑니다. 인간이 느낄 수 있는 실세계(real world)의 사물들을 자연스럽게 표현한 것을 객체(客體, object)라고 합니다.

> 객체(客體, object)
>
> 실 세계(實世界)에 존재하는 사물(事物)

모든 객체는 이름(名稱, name)을 가지고 있습니다. 이 사실을 눈여겨 볼 필요가 있습니다. 우리 인간은 인식하는 이름을 갖지 않은 모든 사물에 대해 이름을 붙이는 경향이 있습니다.

한번 인식한 사물에 대해 그 특징과 더불어 이름을 붙여놓게 되면, 그 다음부터는 눈으로 보거나 또다시 경험하지 않더라도, 그 객체의 이름만으로 객체에 대한 정보를 떠올릴 수 있기 때문입니다.

이처럼 모든 객체(object)는 이름을 가지고 있습니다.

모자　칠판　가위
인형　자석　배
우산　캥거루　붓

〈 객체(object)의 예 〉

3.2 객체로 볼 수 있는 것

모든 객체는 반드시 이름을 가져야 합니다. 이름이 없는 객체는 존재하지 않습니다. 이름을 가진 대상으로서의 객체를 우리는 명사(名詞, noun)로서의 성질을 가진 것으로 분류합니다. 따라서 명사의 성질을 가진 모든 사물(事物)은 객체로 인정받을 수 있는 자격을 갖추고 있습니다.

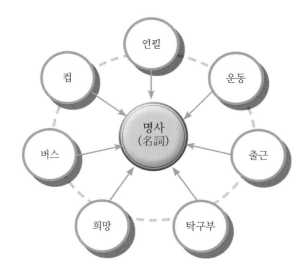

객체의 자격이 있는 것
명사(名詞, noun)로서의 성질을 갖춘 것

〈 객체로 볼 수 있는 사례 〉

3.3 객체로 볼 수 없는 것

멍멍(의성어), 아름다운(형용사), 아이고(감탄사), 청소하다(동사), 빨리(부사), 덥석(의태어), ~ 안에(전치사) 등은 객체로서의 자격이 없습니다.

어떠한 경우에도 명사로 분류할 수 있는 것만이 객체로 인정받을 수 있는 자격이 있습니다.

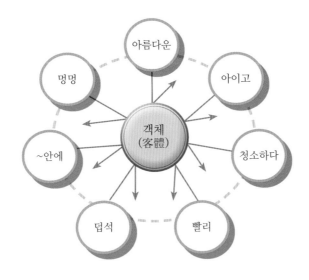

> 객체의 자격이 없는 것
>
> 명사(名詞, noun)로서의 성질을 갖추지 못한 것

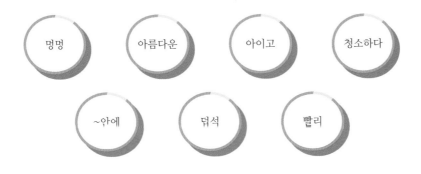

〈 객체로 볼 수 없는 사례 〉

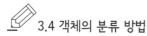
3.4 객체의 분류 방법

객체는 크게 물리적인 객체와 개념적인 객체로 나뉩니다.

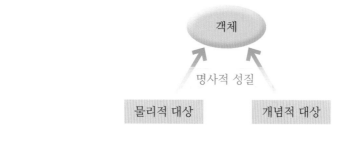

> **명사의 분류**
>
> 명사(名詞), 명사구(名詞句), 명사절(名詞節)

객체는 길건(명사구, 명사절), 짧건(명사), 물리적(物理的)이건, 개념적(概念的)이건 상관없이 명사(名詞)의 성질을 가집니다.

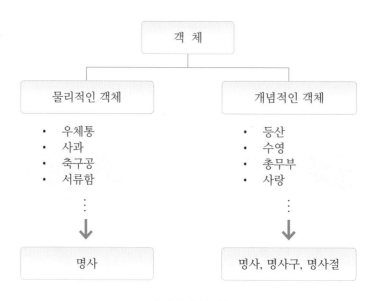

〈 객체의 분류 〉

연습문제

01 객체지향 프로그래밍에서 이야기하는 객체(Object)의 개념과 데이터베이스에서 이야기하는 개체(Entity)의 개념을 서로 비교하여 조사한 후, 공통점과 차이점에 대해 토론해 보세요.

02 영어 사전에서는 명사(noun), 동사(verb), 형용사(adjective), 부사(adverb) 등을 각각 어떠한 약어로 표시하고 있는지 조사하고, 객체로는 명사만이 사용 가능한 이유를 토론해 보세요.

03 동사가 객체지향 개념에서 어떠한 역할을 하는지 조사해 보고, 동사를 객체지향 프로그래밍에 적용할 때, 사용하는 키워드로는 어떠한 것들이 적합할지에 대해 토론해 보세요.

04 형용사와 부사가 객체지향 개념에서 차지하는 역할이 무엇인지에 대해 조사해 본 후, 각각의 예상 역할을 토론해 보세요.

05 영어에서 명사(noun), 명사구(noun phrase), 명사절(noun clause)을 구성하는 방법을 세부적으로 조사한 후, 각각의 방법의 특징에 대해 객체지향적인 시각에서 토론해 보세요.

제 4 장

객체간의 관계

4.1 객체간의 관계란?

 객체간에는 상황에 따라 관계가 성립합니다. 예를 들어 제니퍼라는 여성이 닉이라는 남성을 사랑하고 있다면, 제니퍼라는 객체(object)와 닉이라는 객체 사이에는 「사랑한다」 라는 관계가 성립합니다.

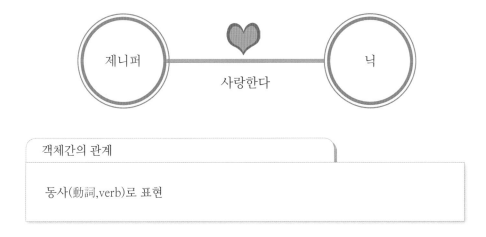

객체간의 관계

 동사(動詞,verb)로 표현

우리는 객체(object)간의 관계(關係, relation)를 동사(動詞, verb)로 표현합니다.

"그녀와의 관계를 '사랑한다'로 만들고 싶어서 병이 생긴 것같다구요.."

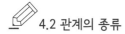

4.2 관계의 종류

객체간의 관계를 표현하는 동사 관계는 크게 「~는 ~이다」 는 「BE동사」 성질의 「이다 관계」 , 「~는 ~을 가진다」 는 「HAVE동사」 성질의 「가지다 관계」 , 「~는 ~을 한다」 는 「DO동사」 성질의 「하다 관계」 의 3가지로 나뉩니다.

객체간의 관계

- 이다 관계   : 객체 A는 객체 B이다.
- 가지다 관계 : 객체 A는 객체 B를 가진다.
- 하다 관계   : 객체 A는 객체 B를 행한다.

여기서 「하다 관계」 는 「이다 관계」 와 「가지다 관계」 를 제외한 그 밖의 모든 일반 동사 관계를 뜻합니다.

따라서 「하다 관계」 는 「일반 동사 관계」 라고 볼 수 있습니다.

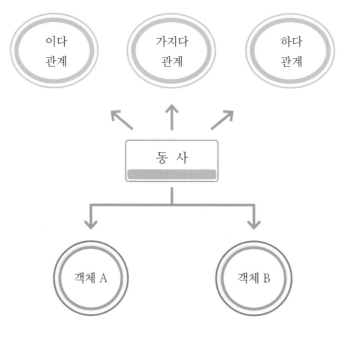

〈 객체간의 관계의 종류 〉

 4.3 이다 관계

> 이다 관계
>
> 일반화(一般化)와 특별화(特別化)의 관계

「이다」의 뜻으로 영어에서는 「BE동사」를 사용하므로, 「이다 관계」는 「is-a 관계」
또는 「is 관계」라고 합니다.

「이다 관계」는 일반화(一般化, generalization)와 특별화(特別化, specialization)의 관계입
니다.

"경임이는 여성이다."라는 문장에서, 왼쪽에 있는 경임이라는 객체 A는 여성(woman)이라
는 객체 B의 특별한 경우가 되며, 오른쪽에 있는 여성(woman)이라는 객체 B는 경임이라는
객체 A를 일반화시킨 대상이 됩니다.

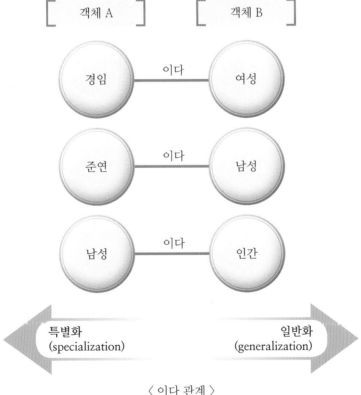

〈 이다 관계 〉

> 이다 관계
>
> 계층 관계(階層關係, hierarchy relation)

「이다 관계」에서 특별화한 쪽의 객체(客體, object)는 일반화한 쪽의 객체의 속성(屬性, attribute)을 모두 이어받습니다.

"준연이는 남성 인간이다"라고 말할 때, 준연이는 남성 인간이 갖춰야 할 기본 속성을 모두 갖추고 있다는 것을 뜻합니다.

"남성 인간은 인간이다"라고 할 때, 남성 인간은 인간이 갖춰야 할 직립 성질(直立性質), 도구 사용(道具使用), 언어 활용(言語活用), 창의성(創意性) 등의 기본 속성(屬性, attribute)을 위로부터 계층적으로 상속(相續, inheritance)받은 상태에서 남성이라는 특별한 개인적 속성을 추가한 것을 뜻합니다.

즉 「이다 관계」는 계층도(階層圖, hierarchy chart)로 나타낼 수 있는 「계층 관계」입니다.

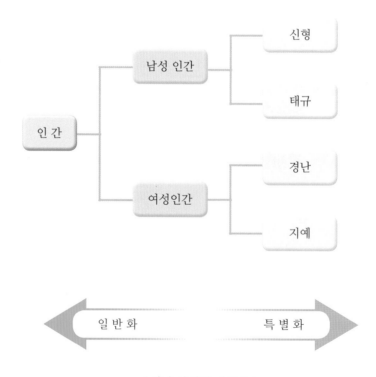

〈 이다 관계의 계층성 〉

4.4 가지다 관계

> 가지다 관계
>
> 집단화(集團化)와 부분화(部分化)의 관계

「가지다」의 뜻으로는 「HAVE동사」를 사용하므로, 「가지다 관계」를 「has-a 관계」 또는 「has 관계」라고 부르며, 객체 B의 입장에서는 객체 A의 일부분을 구성하므로 「part-of 관계」라고 부르기도 합니다.

「가지다 관계」는 집단화(集團化, aggregation)와 부분화(部分化, partialization)의 관계입니다. "아두이노 키트(Arduino Kit)는 자이로 센서(Gyro Sensor)를 가진다"라는 문장에서, 왼쪽의 「아두이노 키트」라는 객체 A는 「자이로 센서」라는 객체 B와 같은 부품들을 모아서 집단화한 경우를 뜻하며, 오른쪽의 「자이로 센서」라는 객체 B는 「아두이노 키트」라는 객체 A를 분해하여 부품으로 부분화한 경우를 뜻합니다.

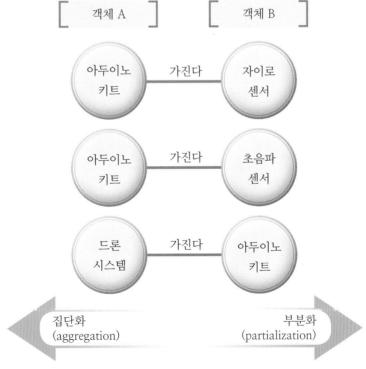

〈 가지다 관계 〉

가지다 관계

전체와 멤버의 관계

「가지다 관계」에서 부분화한 쪽의 객체(客體, object)는 집단화한 쪽의 객체의 일부분을 구성합니다. 즉, "인간은 두 눈을 가지고 있다"라고 한다면, 「눈(eye)」이라는 객체 두 개가 「인간(human)」이라는 객체의 일부분을 구성하는 요소(要素, clcmcnt)로 작용함을 뜻하는 것입니다.

그렇다면 "송이는 회사를 소유하고 있다"와 같은 경우는 어떻게 될까요?

얼핏 이것도 「가지다 관계」로 생각되기 쉽지만, 전문가 시스템(Expert system)에서는 이것을 「소유하다 관계」즉 「owns 관계」라고 하여, 「가지다 관계」즉 「has 관계」와 구분하고 있습니다.

다시 말해서 「가지다 관계」인가 아닌가를 판단하는 기준은, 객체의 한 쪽이 다른 한 쪽의 일부분을 구성하는 요소가 되는가 아닌가에 따릅니다.

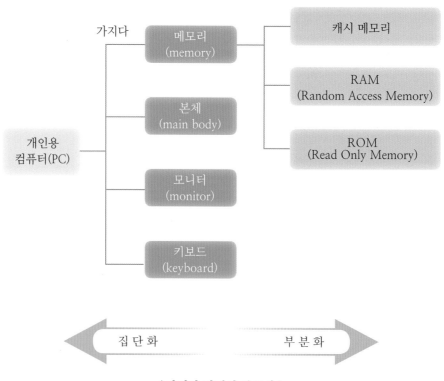

〈 가지다 관계의 부품성 〉

 4.5 하다 관계

> **하다 관계**
>
> 서로 다른 성질을 가진 객체간에 특정한 관계를 맺어주는 연관화(聯關化)의 관계

「하다」의 뜻으로는 「DO동사」를 대표적으로 사용하기 때문에, 「하다 관계」는 「does-a 관계」 또는 「does 관계」로 불릴 수도 있으나, 「이다 관계」와 「가지다 관계」 이외의 모든 관계를 「하다 관계」로 보기 때문에, 단순히 「does」라고 하기보다는 관계의 의미를 보다 명확하게 해주는 「owns」, 「needs」 등과 같은 용어(用語)를 써주는 것이 일반적입니다.

"나리는 미술 도구를 원한다"라는 글에서, 왼쪽의 「나리」라는 객체 A 자체는 「미술 도구」라는 객체 B와 전혀 상관이 없지만, 「원한다」라는 동사를 통해 서로 연관을 맺습니다.

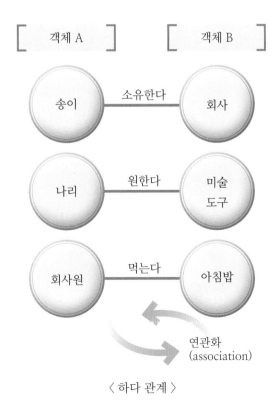

〈 하다 관계 〉

「연관화(聯關化, association)」로 표현하는 「하다 관계」는 크게 「자동사 관계(自動詞關係, intransitive verb relationship)」와 「타동사 관계(他動詞關係, transitive verb relationship)」의 두 가지로 나뉩니다.

「타동사 관계」에서는 관계의 주체 역할을 하는 객체와 대상 역할을 하는 객체가 모두 명사(名詞, noun)의 성질을 가집니다. 한편 「자동사 관계」에서는 관계의 주체 역할을 하는 객체는 명사(名詞, noun)의 성질을 가지지만, 관계의 대상 역할을 하는 객체는 전치사(前置詞, preposition)와 명사를 결합한 형태의 전명구(前名句)로서의 부사적 용법(副詞的用法, adverb)과 같은 성질을 가집니다. 예를 들어, 쏙(SOC : Structured Object Component)이라는 이름을 가진 구조화 객체 부품 형식의 설계도를 사용하여 시각화 설계와 코딩 융합 방식의 소프트웨어 개발에 열중한 남편을 보고, 「남편이 쏙(SOC))을 가지고 잠잔다.」라고 할 때 남편과 설계도인 쏙(SOC)의 관계는 자동사 관계로 볼 수 있습니다.

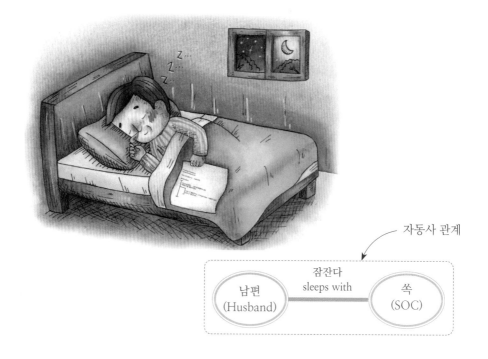

연습문제

01 객체간의 관계를 동사로 표현하는 이유를 조사해 본 후, 자동사 관계(intransitive verb relationship)과 타동사 관계(transitive verb relationship)의 차이에 대해 토론해 보세요.

02 이다 관계, 가지다 관계, 하다 관계를 각각 BE동사 관계, HAVA동사 관계, DO동사 관계로 나타낼 수 있는 이유를 조사하고, 각각을 영어 문장에 비교하여 어떻게 구분을 할 수 있는지 비교하여 토론해 보세요.

03 일반화(Generalization), 집단화(Aggregation), 연관화(Association)의 관계를 각각 추상화 관점에서 비교하여 조사해 본 후, 객체지향 개념에서 어떻게 적용할 수 있는지에 대해 토론해 보세요.

04 일반화(Generalization)와 특별화(Specialization)의 관계를 나타내는 BE동사 관계의 경우 타동사 관계를 만들 수 없는 이유를 조사하고, 상속(Inheritance)의 개념과 연관지어 토론해 보세요.

05 HAVE동사 관계와 DO동사 관계의 유사점과 차이점을 조사한 후, 객체지향적인 시각에서의 적용 방법에 대해 토론해 보세요.

제 5 장

구조체와 객체

5.1 객체 제조기란?

객체 제조기

객체(object)를 만들어내는 장치

객체(客體, object)는 사물(事物)이므로 어떠한 형태로든 만들어내는 장치가 있어야 합니다. 객체를 만들어내는 장치를 우리는 객체 제조기(object maker)라고 부릅니다.

「객체」란 이 세상에서 명사(名詞)에 해당하는 모든 것이므로, 기계적인 객체의 제조기 뿐만아니라, 살아있는 유기체(有機體) 유전 형질(遺傳形質)도 객체 제조기에 해당됩니다. 또한, 개념적인 사상(思想)을 만들어내는 기반 이론도 「사상(思想, thought)」이라는 객체의 제조기에 해당됩니다.

객체 제조기라는 형틀(template)을 이용하여 실제로 만든 결과물을 우리는 「객체(客體, object)」라고 부릅니다. 물론 그냥 「인스턴스(instance)」라고 부르기도 합니다. 물론 그냥 라고 부르는 경우도 많습니다.

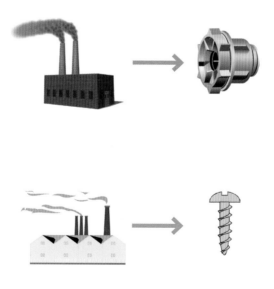

〈 객체 제조기(object maker) 〉

객체 제조기는 크게 나눠서 다음의 3가지로 분류할 수 있습니다.

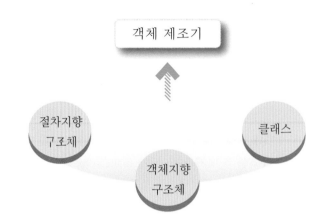

절차지향 구조체는 절차지향 C언어에서 「struct」로 표현하며, 객체지향 구조체와 클래스는 객체지향 C++언어에서 각각 「struct」와 「class」로 표현합니다.

"저도 객체 제조기에 해당하나요?"

5.2 절차지향 구조체의 성질

절차지향적인 구조화 프로그래밍 방법이 전세계에서 주류를 이루던 1980년대까지는 C언어 등과 같은 절차지향 언어가 대세를 차지했었습니다.

절차지향 언어에서는 객체(object)를 만들어낼 수 없을 것으로 생각하기 쉽지만, 실제로는 만들어낼 수 있습니다. 물론 절차지향 언어의 대표격인 C언어에서도 객체(object)를 만들어 낼 수 있습니다.

그러나 절차지향의 객체 제조기는 살아서 움직이는 동적(動的, dynamic)인 객체의 제조기가 아니라, 그저 단순한 모양의 주물(鑄物)로 이루어진 형틀(型板)을 이용하여 정적(靜的, static)인 객체를 찍어내는 호두과자 제조기에 지나지 않습니다. C언어에서는 이 「호두과자 제조기」를 형틀 구조(構造, structure)를 만들어내는 몸체라는 뜻으로 「struct」 즉 「구조체(構造體)」라고 부릅니다. 「구조체(struct)」 형틀로 제조한 호두과자는 살아있는 호두과자가 아니므로 「객체(客體, object)」인 「인스턴스(instance)」 역시 피동적인 창고 역할만 합니다.

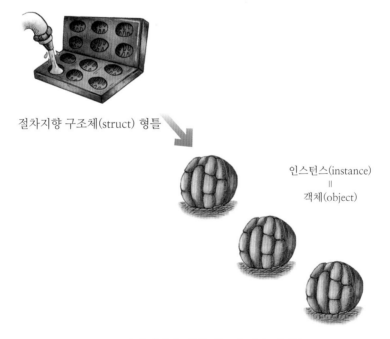

절차지향 구조체(struct) 형틀

인스턴스(instance)
=
객체(object)

〈 절차지향 객체 제조기 사용 사례 〉

절차지향 구조체

피동적인 객체(passive object)를 만들어내는 제조 장치 형틀(型板, template)

절차지향 구조체(構造體, struct)는 일종의 피동적(被動的)인 호두과자를 만들어내기 위한 제조 장치 형틀(型板, template)로 볼 수 있습니다. 제조한 인스턴스(instance)는 객체(客體)라고 불리며 호두과자 제조기인 구조체 형틀(struct template)로 찍어낸 실제의 호두과자를 뜻합니다. 형틀(型板, template)인 구조체(構造體, struct)에서는 호두과자 속에 넣을 팥이 들어갈 수 있도록 주물(鑄物)을 설정해줍니다. 이때 설정된 주물(鑄物)을 「변수(變數, variable)」라고 합니다. 구조체 형틀로 찍어낸 인스턴스(instance)인 실제의 호두과자 객체 속의 변수에는 실제의 팥이 들어갑니다.

객체 속의 변수에 실제로 들어간 팥을 우리는 「값(value)」이라고 부릅니다.

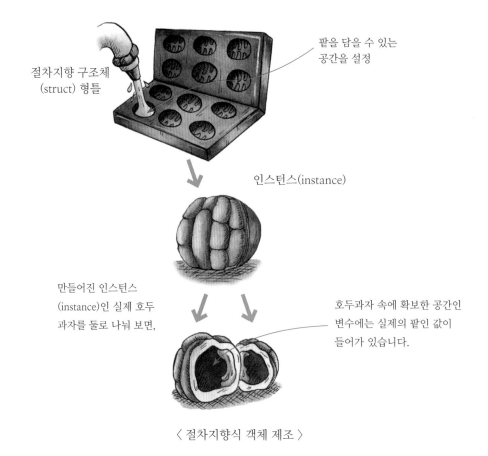

절차지향 구조체
(struct) 형틀

팥을 담을 수 있는
공간을 설정

인스턴스(instance)

만들어진 인스턴스
(instance)인 실제 호두
과자를 둘로 나눠 보면,

호두과자 속에 확보한 공간인
변수에는 실제의 팥인 값이
들어가 있습니다.

〈 절차지향식 객체 제조 〉

절차지향 구조체의 성질

멤버(member)로서 오직 피동적 변수(被動的變數, passive variable)만 허용

C언어에서 사용하는 구조체의 멤버(member)로는 피동적인 변수(被動的變數, passive variable)인 것은 어느 것이나 허용됩니다.

구조체(構造體, struct)의 멤버(member)로 사용하는 피동적인 변수를 우리는 「멤버 변수(member variable)」라고 부릅니다.

구조체 형틀은 그 자체로는 탬플릿에 불과합니다. 그렇기때문에, 실제로 사용하는 객체(object)는 구조체 형틀이라는 객체 제조 장치를 가지고 작업하여 만들어주어야 합니다.

일반적으로, C언어로는 객체를 만들 수 없다고 생각하는 사람들이 많으나, 비록 제한적인 능력을 가지기는 하지만, C언어로도 이처럼 엄연히 객체를 만들어 낼 수 있습니다.

바로 그 일에 사용하는 것이 구조체(struct)입니다.

```
struct Hodoo_t
{
    char name[20];
    int unitPrice;
};
```

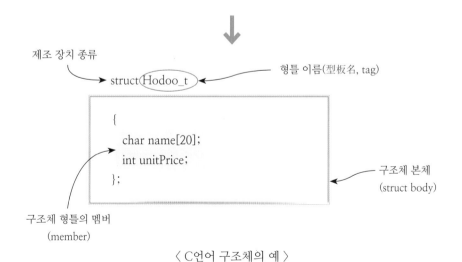

제조 장치 종류 → struct Hodoo_t ← 형틀 이름(型板名, tag)

```
{
    char name[20];
    int unitPrice;
};
```

구조체 본체
(struct body)

구조체 형틀의 멤버
(member)

〈 C언어 구조체의 예 〉

예를 들어, 「Hodoo_t」라는 구조체 형틀(構造體 型板, struct template)을 가지고, 「hodoo」라는 객체를 찍어내고(제조하고) 싶다면 프로그램 중에 다음과 같이 정의해줍니다.

---

struct Hodoo_t hodoo;

그렇게 하면, 「hodoo」는 Hodoo_t 라는 구조체형 변수(struct type variable)가 됩니다.

객체 내의 멤버인 구조체형 멤버 변수(member variable)에 값(value)을 집어넣는 방법은 아주 쉽습니다.

예를 들어, 「hodoo」객체 내의 unitPrice라는 정수형(integer type) 멤버 변수(member variable) 속에 10이라는 값을 넣어주고 싶다면, 다음과 같이 구조체형 변수인 hodoo 객체(客體, object)와 unitPrice 멤버 변수(member variable)를 마침표(.)로 연결하여 지정해주면 됩니다.

---

hodoo.unitPrice = 10;

풀 이　hodoo 객체 내의 unitPrice 멤버 변수에 10을 대입하시오.

예제 5.2.1　C언어 구조체 사용 실험

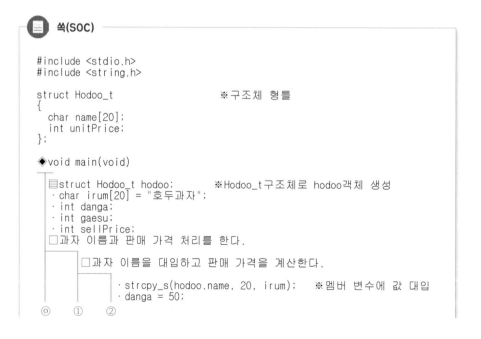

쏙(SOC)

```
#include <stdio.h>
#include <string.h>

struct Hodoo_t                    ※구조체 형틀
{
  char name[20];
  int unitPrice;
};

◆void main(void)
  ▤struct Hodoo_t hodoo;        ※Hodoo_t구조체로 hodoo객체 생성
  ·char irum[20] = "호두과자";
  ·int danga;
  ·int gaesu;
  ·int sellPrice;
  □과자 이름과 판매 가격 처리를 한다.

        □과자 이름을 대입하고 판매 가격을 계산한다.
            ·strcpy_s(hodoo.name, 20, irum);   ※멤버 변수에 값 대입
            ·danga = 50;
  ⓪      ①      ②
```

```
ⓞ    ①    ②
              · gaesu = 10;
              · hodoo.unitPrice = danga;          ※멤버 변수에 값 대입
              ※멤버 변수의 값으로 연산
              · sellPrice = hodoo.unitPrice * gaesu;

      □과자 이름과 판매 가격을 출력한다.

              ※멤버 변수의 내용 출력
              · printf("name=%s\n", hodoo.name);
              · printf("sellPrice=%d\n", sellPrice);
```

프로그램

```c
#include <stdio.h>
#include <string.h>

struct Hodoo_t               //구조체 형틀
{
  char name[20];
  int unitPrice;
};

void main(void) {
    struct Hodoo_t hodoo;        //Hodoo_t구조체로 hodoo객체 생성
    char irum[20] = "호두과자";
    int danga;
    int gaesu;
    int sellPrice;

    //.과자 이름과 판매 가격 처리를 한다.
    {

       //.과자 이름을 대입하고 판매 가격을 계산한다.
       {
          strcpy_s(hodoo.name, 20, irum);   //멤버 변수에 값 대입
          danga = 50;
          gaesu = 10;
          hodoo.unitPrice = danga;          //멤버 변수에 값 대입
          //멤버 변수의 값으로 연산
          sellPrice = hodoo.unitPrice * gaesu;
       }

       //.과자 이름과 판매 가격을 출력한다.
```

```
        {
          //멤버 변수의 내용 출력
          printf("name=%s\n", hodoo.name);
          printf("sellPrice=%d\n", sellPrice);
        }
     }
}
```

실행 화면

```
C:\Windows\system32\cmd.exe
name=호두과자
sellprice=500
계속하려면 아무 키나 누르십시오 . . .
```

객체(客體, object)내의 멤버 변수(member variable) 속에 넣을 수 있는 자료에는 다음과 같이 여러 가지 형태가 있습니다.

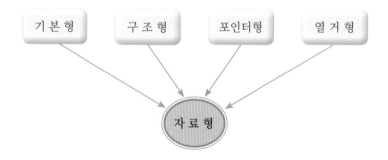

기본형으로는 문자형(char, unsigned char), 정수형(int, short, long, unsigned int, unsigned long), 실수형(float, double, long double), 무형(void) 등이 있으며, 구조형으로는 배열형([]), 구조체(struct), 공용체(union) 등이 있습니다. 또한 포인터(pointer)를 사용하는 포인터형(*, void*)과 열거형(enum) 등 ANSI(American National Standard Institute)에서 정한 자료형이 있습니다. 여기서 하나의 구조체가 멤버로 또다른 구조체를 포함할 수도 있는데, 이 경우 다른 구조체 변수인 또 다른 객체를 멤버 변수로서 허용하는 복합 구조체(composite struct)는 일종의 복합 객체(複合客體, composite object)를 제조하는 장치 형틀(型板, template)에 해당한다고 볼 수 있습니다.

"멤버 변수에 값을 대입하고 나서 어떻게 하라고 그랬더라.."

5.3 복합 객체란?

> 복합 객체(composite object)
>
> 객체를 포함하고 있는 객체

　수상스키(water ski)라는 객체의 경우, 배(boat)와 수상스키인(waterskier)이 멤버(member)로서 필요합니다. 이 때 「배」와 「수상스키인」은 모두 객체이기 때문에, 이들 객체들을 멤버로 포함하고 있는 「수상스키」라는 객체는 「복합 객체(複合客體, composite object)」로 분류됩니다. 객체는 다른 객체를 멤버(member)로 포함할 수 있는 동시에, 또 다른 객체의 멤버(member)로 참여할 수 있습니다. 복합 구조체나 복합 클래스는 복합 객체에 대한 형틀(template)이 됩니다.

　하나의 복합 객체가 또 다른 복합 객체를 포함하는 형태의 다중 복합 객체(多重複合客體)라 할지라도, 특별한 별도의 이름을 가지는 일이 없이 「복합 객체(複合客體, composite object)」라고 불립니다.

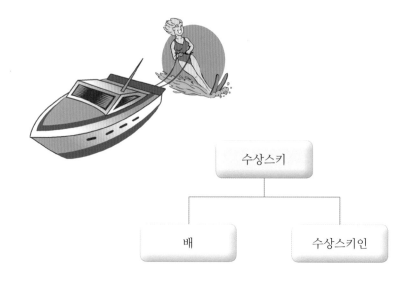

〈 복합 객체(composite object) 〉

예를 들어, 「Hodoo_t」라는 복합 구조체 형틀(複合構造體 型板, composite struct template)을 가지고, 「hodoo」라는 복합 객체를 찍어내고 싶다면, 프로그램 중에 다음과 같이 정의해줍니다.

---

struct Hodoo_t hodoo;

그렇게 하면, 「hodoo」는 Hodoo_t 라는 복합 구조체형의 변수(composite struct type variable)로서의 역할을 합니다.

복합 구조체형 변수인 복합 객체내의 요소에 값을 집어넣는 방법도 단일 구조체형 변수처럼 아주 쉽습니다.

예를 들어, 「hodoo」복합 객체 내의 「panme」객체 내의 unitPrice라는 정수형(integer type) 멤버 변수 속에 10이라는 값을 넣어주고 싶다면, 다음과 같이 각각의 멤버(member)를 마침표(.)로 연결하여 지정해줍니다.

---

hodoo.panme.unitPrice = 10;

풀 이 ⎸ hodoo 복합 객체 내의 panme객체 내의 unitPrice 멤버 변수에 10을 대입하시오.

예제 5.3.1 ⎸ 복합 객체 제조

📄 **쏙(SOC)**

```
#include <stdio.h>
#include <string.h>

struct Sell          ※구조체 형틀
{
  int unitPrice;
  int quantity;
};

struct Hodoo_t        ※복합 구조체 형틀
{
  char name[20];
  ※복합 구조체의 멤버가 되는 또다른 구조체 틀로 생성시킨 구조체형 멤버 변수
  struct Sell panme;
};
```

```
◆void main(void)
  ▤struct Hodoo_t hodoo;    ※Hodoo_t 복합 구조체로 hodoo복합 객체 생성
  · char irum[20] = "호두과자";
  · int danga;
  · int gaesu;
  · int sellPrice;
  ▢과자 이름과 판매 가격 처리를 한다.

          ▢과자 이름을 대입하고 판매 가격을 계산한다.

              · strcpy_s(hodoo.name, 20, irum);   ※멤버 변수에 값 대입
              · danga = 100;
              · gaesu = 10;
              · hodoo.panme.unitPrice = danga;    ※멤버 변수에 값 대입
              ※멤버 변수의 값으로 연산
              · sellPrice = hodoo.panme.unitPrice * gaesu;

          ▢과자 이름과 판매 가격을 출력한다.

              ※멤버 변수의 내용 출력
              · printf("name=%s\n", hodoo.name);
              · printf("sellPrice=%d\n", sellPrice);
```

📄 **프로그램**

```c
#include <stdio.h>
#include <string.h>

struct Sell              //구조체 형틀
{
  int unitPrice;
  int quantity;
};

struct Hodoo_t       //복합 구조체 형틀
{
  char name[20];
  //복합 구조체의 멤버가 되는 또다른 구조체 틀로 생성시킨 구조체형 멤버 변수
  struct Sell panme;
};

void main(void) {
  struct Hodoo_t hodoo;   // Hodoo_t 복합 구조체로 hodoo복합 객체 생성
  char irum[20] = "호두과자";
  int danga;
  int gaesu;
  int sellPrice;
```

```
//.과자 이름과 판매 가격 처리를 한다.
{

    //.과자 이름을 대입하고 판매 가격을 계산한다.
    {
        strcpy_s(hodoo.name, 20, irum);      // 멤버 변수에 값 대입
        danga = 100;
        gaesu = 10;
        hodoo.panme.unitPrice = danga;       // 멤버 변수에 값 대입
        // 멤버 변수의 값으로 연산
        sellPrice = hodoo.panme.unitPrice * gaesu;
    }

    //.과자 이름과 판매 가격을 출력한다.
    {
        // 멤버 변수의 내용 출력
        printf("name=%s\n", hodoo.name);
        printf("sellPrice=%d\n", sellPrice);
    }
}
}
```

▶ 실행 화면

```
C:\Windows\system32\cmd.exe
name=호두과자
sellPrice=1000
계속하려면 아무 키나 누르십시오 . . .
```

5.4 절차지향 구조체의 한계

> **절차지향 구조체의 한계**
>
> 구조체 형틀로 만든 인스턴스는 고객에 대해 어떠한 서비스(service)도 할 수 없는 피동적 자료만 포함하기때문에, 고객이 기능(function)을 그때그때 별도로 만들어주어야 하는 한계가 있음

　예를 들어, 고객인 프로그래머(programmer)가 절차지향 구조체 형틀로 생성한 인스턴스인 호두과자에 해당하는 객체를 사먹고자 할 때를 생각해 보기로 하지요. 그는 호두과자를 사먹기 위한 비용의 지불이나 호두과자를 가져오는 행위를 위한 기능들을 수행하는 함수를 하나하나 직접 만든 다음에 호두과자를 사먹어야 합니다.

　호두과자 하나 사먹는데 이렇게 번거로운 절차를 거쳐야 한다면, 누가 호두과자를 사먹고 싶겠습니까?

　절차지향 구조체의 한계가 바로 여기에 있습니다.

〈 절차지향 구조체의 한계 〉

절차지향의 구조체로 만든 인스턴스(instance)인 객체는 피동적인 음(陰, -)에 해당하는 자료만 포함하고 있어, 자료를 다뤄주는 능동적인 양(陽, +)에 해당하는 함수(函數, function)는 인스턴스(instance) 바깥에서 별도로 만들어주어야 합니다.

이때 음(陰, -)에 해당하는 구조체(struct)로 만든 인스턴스(instance)인 객체(object)내의 자료는 외부의 양(陽, +)에 해당하는 불특정 다수의 함수와 관련을 맺습니다. 그것은 무엇을 뜻할까요?

음과 양이 조화를 이루지 못하여, 태극의 순환이 정지한 깃을 뜻합니다.

즉, 정적인 자료를 담는 변수와 동적인 행위를 하는 함수의 관련 범위를 알기 어려워진다는 뜻입니다.

절차지향 인스턴스의 음양

인스턴스 내의 변수인 음(陰)과 인스턴스 바깥의 함수인 양(陽)의 부조화로 문제 해결 구조인 태극의 순환이 정지

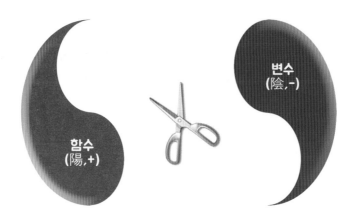

5.5 객체지향 구조체의 모든 것

   절차지향 구조체의 문제점을 해결하기 위해 객체지향 방법을 사용하는 C++언어에서는 스스로 고객에 대해 서비스할 수 있는 능력을 가지고 있지 못했던 구조체(構造體, struct)에 서비스(service)할 수 있는 능력을 부여하였습니다.

   그것은 C언어에서와 같이 단순한 모양의 정적(靜的, static)인 객체(客體, object)를 찍어내는 호두과자 제조기 속에 마치 꼬마 사람으로 변신할 수 있는 작업자를 만들어 집어 넣는 것과 비슷한 방법을 사용합니다. 즉, 살아서 움직이는 능동적 멤버(active member)가 구조체 형틀(struct template) 속에 들어가서, 객체 스스로 고객에게 서비스가 가능한 동적(dynamic)인 구조체로 변하게 한 것입니다.

   C++언어의「구조체(struct)」형틀로 제조한 호두과자는 살아서 서비스(service)하는 지능 있는 능동적 호두과자이므로, 능동적인 객체(客體, object)의 자격을 가진「인스턴스(instance)」로서의 역할을 합니다.

〈 객체지향 구조체 〉

112

> **객체지향 구조체의 성질**
>
> 멤버(member)로서 피동적인 자료를 담는 변수(變數, variable)와 능동적인 행위를 하는 함수(函數, function)를 모두 허용

객체시향 언어인 C++에서 사용하는 구조체의 멤버(member)로는 피동석인 사료(被動的資料, passive data)를 담는 변수와 능동적인 행위를 하는 함수(函數, function)를 모두 허용합니다. 또한 내장 자료형의 경우에도 예를 들어 실수(實數, real number)의 경우에 긴배정도실수(長倍精度實數, long double)가 가능하여 정밀도를 10바이트(byte)까지 허용하는 등의 확장이 이루어졌습니다.

다시 말해서, 객체지향 구조체에서는 절차지향 구조체의 모든 특성을 이어받음은 물론, 능동적인 행위가 가능한 「멤버 함수(member function)」를 추가로 넣을 수 있게 된 것입니다.

```cpp
struct Hodoo_t
{
  char name[20];
  int unitPrice;

  void setDat(char *irum, int danga);
  void calcPrice(int s_num);
  void dispDat(void);
};
```

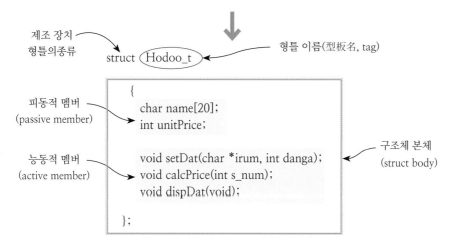

〈 C++ 구조체의 예 〉

예제 5.5.1 C++언어 구조체

📋 쏙(SOC)

```cpp
#include <iostream>
using namespace std;
#include <string.h>

struct Hodoo_t          ※구조체 형틀
{
  char name[20];
  int unitPrice;
  int sellPrice;
  void setDat(char *irum, int danga);   ※setDat 메소드 원형(prototype)
  void calcPrice(int s_num);            ※calcPrice 메소드 원형(prototype)
  void dispDat(void);                   ※dispDat 메소드 원형(prototype)
};

◆void main(void)

  ▤struct Hodoo_t hodoo;               ※Hodoo_t 구조체로 hodoo객체 생성
  · int danga = 60;
  · int gaesu = 10;
  □과자 이름과 판매 가격을 처리한다.

      ■hodoo.setDat("호두과자", danga);
      ■hodoo.calcPrice(gaesu);
      ■hodoo.dispDat();


◆void Hodoo_t::setDat(char *irum, int danga)

  □과자 이름과 단가를 초기화한다..

      · strcpy_s(name, 20, irum);
      · unitPrice = danga;


◆void Hodoo_t::calcPrice(int s_num)

  □판매 가격을 계산한다.

      · sellPrice = unitPrice * s_num;


◆void Hodoo_t::dispDat(void)

  □과자 이름과 판매 가격을 출력한다.

      · cout << "과자 이름= " << name << '\n';
      · cout << "판매 가격= " << sellPrice << '\n';
```

📄 **프로그램**

```cpp
#include <iostream>
using namespace std;
#include <string.h>

struct Hodoo_t        //구조체 형틀
{
    char name[20];
    int unitPrice;
    int sellPrice;
    void setDat(char *irum, int danga); //setDat 메소드 원형(prototype)
    void calcPrice(int s_num);          //calcPrice 메소드 원형(prototype)
    void dispDat(void);                 //dispDat 메소드 원형(prototype)
};

void main(void) {
    struct Hodoo_t hodoo;            // Hodoo_t 구조체로 hodoo객체 생성
    int danga = 60;
    int gaesu = 10;

    //.과자 이름과 판매 가격을 처리한다.
    {
        hodoo.setDat("호두과자", danga);
        hodoo.calcPrice(gaesu);
        hodoo.dispDat();
    }
}

void Hodoo_t::setDat(char *irum, int danga) {

    //.과자 이름과 단가를 초기화한다..
    {
        strcpy_s(name, 20, irum);
        unitPrice = danga;
    }
}

void Hodoo_t::calcPrice(int s_num) {

    //.판매 가격을 계산한다.
    {
        sellPrice = unitPrice * s_num;
    }
```

```
}

void Hodoo_t::dispDat(void) {

   //.과자 이름과 판매 가격을 출력한다.
   {
      cout << "과자 이름= " << name << '\n';
      cout << "판매 가격= " << sellPrice << '\n';
   }
}
```

▶ **실행 화면**

```
C:₩Windows₩system32₩cmd.exe
과자 이름= 호두과자
판매 가격= 600
계속하려면 아무 키나 누르십시오 . . .
```

C++언어의 멤버 함수는 구조체의 형틀 이름과 멤버 함수 이름을 2개의 쌍점(::)으로 연결하여 나타내어줍니다.

이것에 대한 상세한 설명은 앞으로 클래스(class)를 설명할 때 하기로 하겠습니다.

객체지향 구조체로 만든 인스턴스(instance)인 객체 내에서는, 음(陰, -)에 해당하는 피동적인 자료(data)를 담는 변수(變數, variable)와 자료를 다뤄주는 양(陽, +)에 해당하는 능동적인 함수(函數, function)를 모두 인스턴스(instance)인 객체(object) 내부의 멤버(member)로 집어넣을 수 있습니다.

이때 객체 내의 음(陰, -)에 해당하는 변수는 양(陽, +)에 해당하는 객체 내의 특정한 멤버 함수와 유기적(有機的)인 관련을 맺습니다. 그것은 무엇을 뜻할까요?

음(陰)과 양(陽)이 조화를 이루면서 태극(太極)의 순환이 순조롭게 이루어지며, 정적(靜的, static)인 변수(變數, variable)와 동적(動的, dynamic)인 함수(函數, function)의 연관 관계의 범위가 명확해진다는 것을 뜻하는 것입니다.

> **객체지향 구조체의 성질**
>
> 멤버(member)로서 피동적인 자료를 담는 변수(變數, variable)와 능동적인 행위를 하는 함수(函數, function)를 모두 허용

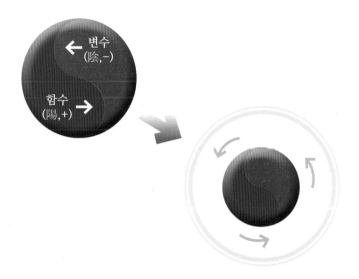

멤버 함수(member function)는 결국 절차지향에서 전역적으로 만들어서 사용하던 함수(function)들을 목적별로 모아서 지역적으로 객체 단위로 묶어준 것으로 볼 수 있습니다.

멤버 변수는 절차지향의 경우에 전역적으로 사용하던 변수들을 목적별로 묶어서, 지역적으로 지역 변수(local variable)라는 형태로 지정하여 그것을 창고(storage)로 활용하는 것으로 볼 수 있습니다.

이 경우에 멤버 함수(member function)는 멤버 변수를 적절하게 다뤄주면서 목적을 달성하는 일종의 「메소드(method)」에 해당한다고 볼 수 있습니다. 근래에는 Java 언어의 보편화로 C++에서도 멤버 함수(member function)를 메소드(method)라고 부르는 경향이 있습니다.

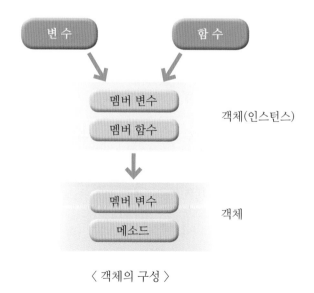

〈 객체의 구성 〉

객체는 자신이 가진 「특성(特性, characteristics)」과 목적을 달성하기 위한 「메소드(method)」로서의 「행위(行爲, behavior)」를 한다고 볼 수 있습니다.

특성(特性, characteristics)

멤버 변수가 가진 성질

행위(行爲, behavior)

메소드(멤버 함수)가 취하는 행동

따라서 객체지향 방법론에서 「특성(characteristics)」이라고 지칭하는 것들은 자료(data)를 담아두는 그릇으로서의 멤버 변수(member variable)가 가진 성질을 뜻합니다. 객체가 취하는 행위(行爲, behavior)도 멤버 함수(member function) 즉, 메소드(method)를 뜻합니다.

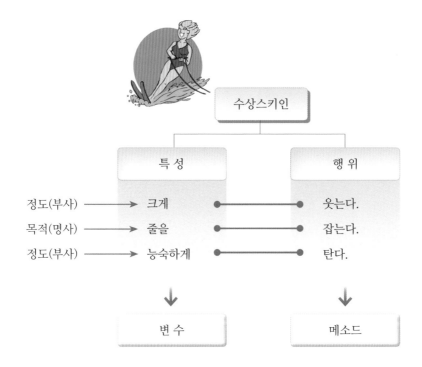

절차지향 언어인 C의 구조체는 피동적 변수만 멤버로서 허용하며, 외부에서 구조체 형틀 (struct template)로 찍어낸 인스턴스(instance)의 속으로 아무런 제한 없이 접근할 수 있습니다. 그렇기때문에 지역적인 통제 측면에서는 일부 문제점을 내포하고 있습니다. 이에 비해, 객체지향 언어인 C++의 구조체는 능동적 함수도 멤버로서 허용함은 물론, 변수와 함수를 포함한 형태의 능동적인 변수도 허용하고, 인스턴스인 객체 속으로의 접근 통제가 가능합니다.

객체지향 언어인 C++의 구조체는 다음 장에서 다루는 클래스(class)를 태동시키는 모체(母體)로 직용합니다.

> **절차지향 구조체**
>
> 구조체(struct)의 멤버(member)로서 피동적 멤버 변수(member variable)만 허용

> **객체지향 구조체**
>
> 구조체의 멤버로서 피동적 멤버 변수와 능동적 멤버 함수를 모두 허용

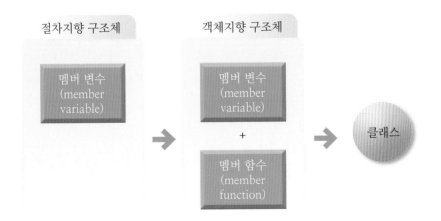

〈 구조체의 진화 과정 〉

연습문제

01 객체 제조기의 역할을 하는 절차지향 구조체, 객체지향 구조체, 클래스간의 차이를 조사한 후, 각각의 장단점에 대해 토론해 보세요.

02 절차지향 구조체와 객체지향 구조체를 각각 피동형 구조체와 능동형 구조체로 구분하는 이유에 대해 조사해 본 후, 실제 프로그래밍에 적용시의 유의사항에 대해 토론해 보세요.

03 절차지향 구조체와 객체지향 구조체는 물론 클래스에서 멤버 변수로 사용할 수 있는 데이터 유형을 조사하고, 실제 C++ 프로그래밍에서 멤버 변수를 선언하고 사용하는 사례를 들어보세요.

04 복합 구조체를 만드는 방법을 구체적으로 조사하고, 실제로 복합 구조체를 만든 후 적합성 여부에 대해 토론해 보세요.

05 객체지향 구조체에서 멤버 변수와 멤버 함수의 관계를 영어에서의 명사와 동사의 관계와 비교하여 조사한 후, 문장의 시각에서 의미에 대해 토론해 보세요.

제 6 장

클래스와 객체

6.1 클래스(class)란 무엇인가?

> 클래스(class)
>
> 객체를 만들어내는 형틀(型板, template)

객체지향 구조체는 클래스(class)로 발전합니다. 클래스(class)는 일종의 주스 자판기를 만들어내는 형틀(型板, template)이라고 볼 수 있습니다.

호두과자 제조 장치인 구조체로 만든 호두과자와는 달리 주스 자판기 제조 장치인「클래스 형틀(class template)」로 만든 주스 자판기는 기본 상태가 호두과자와 다릅니다. 호두과자에는 팥이라는 데이터만 들어있지만, 자판기는 판매가 이루어지는 자판기 제품 데이터와 더불어 돈을 입력받는 기능, 제품을 선택받는 기능, 선택받은 제품을 내보내는 기능 등의 메소드(Method)를 포함하고 있습니다.

주스 자판기의 고객은 주스 자판기에 동전을 넣어 주스를 사먹을 수는 있으나, 주스 자판기의 내부를 함부로 들여다 볼 수는 없습니다. 이처럼 멤버(member)를 캡슐(capsule)처럼 포장한 개념을「캡슐화(encapsulation)」라고 합니다.

클래스는 이러한 자판기 객체를 몇 개라도 만들어 낼 수 있는 자판기 제조 공장의 자판기 제조 장치 형틀(template)에 해당합니다.

〈 클래스(class) 〉

6.2 캡슐화(encapsulation)

캡슐화(encapsulation)

멤버 변수(member variable)와 메소드(멤버 함수)를 한꺼번에 하나의 객체 (object)라는 캡슐(capsule) 속에 담는 것

캡슐화(encapsulation)란 우주선 캡슐(capsule) 속에 우주인이 들어가는 것과 같은 개념입니다. 이것을 주스 자판기로 설명한다면, 주스 자판기「객체」에는 동전을 받거나 주스를 공급해 주는 근무자와 같은 일을 담당하는 메소드(멤버 함수)와 동전이나 주스와 같은 자료를 보관해 두는 멤버 변수(member variable)라는 저장소(storage)가 있습니다.

이들이 주스 자판기라는 캡슐 속에 근무자처럼 들어가 그 속에서 외부에 대해 서비스 (service)하게 하는 개념이 바로「캡슐화(encapsulation)」입니다.

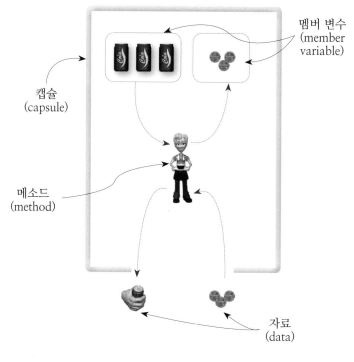

〈 캡슐화(encapsulation) 〉

6.3 정보 은폐(information hiding)

> 정보 은폐(information hiding)
>
> 외부에 노출시킬 필요가 없는 정보를 외부에 대해 격리시켜 은폐하는 것

　캡슐에는 두 가지 종류가 있습니다. 속이 들여다 보이는 투명한 캡슐(transparent capsule)과 속이 들여다 보이지 않는 은폐한 불투명한 캡슐(opaque capsule)이 바로 그것입니다.

　구조체(struct)가 기본적으로 투명한 캡슐을 만들어내는 제조 장치라고 한다면, 클래스(class)는 기본적으로 불투명한 캡슐을 만들어내는 제조 장치라고 볼 수 있습니다.

　예쁜 아가씨의 마음을 기본적으로 어느 누구나 다 들여다 볼 수 있도록 하는 개념이 바로 구조체(struct) 개념이라고 본다면, 예쁜 아가씨의 마음을 기본적으로 정보 은폐(情報隱蔽)시켜 개인적인 정보를 보호하는 개념이 클래스(class)의 개념이라고 볼 수 있습니다.

"이크, 미쓰 김의 마음은 구조체(struct)로 구성되어 있군!"

"그녀는 아무래도 클래스인 것같아요. 마음이 정보 은폐되어 도저히 알 수 없거든요!"

〈 클래스(class)는 기본적으로 정보 은폐되어 내부를 들여다 볼 수 없다. 〉

이미 설명한 바와 같이, 절차지향 구조체는 항상 투명한 캡슐입니다. 객체지향 구조체도 별다른 지정이 없다면 기본적인 내정 상태(default state)로 투명한 캡슐(transparent capsule)인 정보 공개 상태(public state)입니다.

그러나 클래스(class)는 별다른 지정이 없다면 불투명한 캡슐(opaque capsule)로 정보 은폐 상태(private state, information hiding state)라는 점이 객체지향 구조체(struct)와 결정적으로 다릅니다.

```
struct Juice_t
{
  char name[20];
  int setName(char *new_name);        ← 정보 공개
};
```

```
class Juice_t
{
  char name[20];
  int setName(char *new_name);        ← 정보 은폐
};
```

객체지향 클래스(class)의 성질은 얼핏 객체지향 구조체와 같습니다. 하지만, 객체지향 구조체(struct)는 기본적인 내정 상태(default state) 측면에서 볼 때, 내용을 외부에 대해 정보 공개(public)하는데 비해, 클래스(class)는 별다른 지정이 없는 한 내용을 외부에 대해 정보 은폐(private)한다는 점에서 차이가 있습니다.

클래스의 성질

객체지향 구조체와 일반 성질은 같으나, 기본적으로 정보 은폐를 지원

구분 \ 항목	객체 형틀 종류	내정 상태	정보 공개 지원 여부	정보 은폐 지원 여부
절차지향	구조체(struct)	정보 공개	○	X
객체지향	구조체(struct)	정보 공개	○	○
	클래스(class)	정보 은폐	○	○

```
class Juice_t
{
   char name[20];
   int price;

   int setName(char *new_name);
   int setPrice(int new_price);
   int calcPrice(int s_num);
};
```

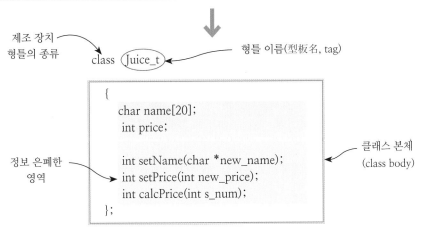

제조 장치
형틀의 종류 → class (Juice_t) ← 형틀 이름(型板名, tag)

```
{
   char name[20];
   int price;

   int setName(char *new_name);
   int setPrice(int new_price);
   int calcPrice(int s_num);
};
```

정보 은폐한 영역

클래스 본체 (class body)

객체지향에서 정보 은폐는 순수한 정보 은폐입니다.

정보 공개(public)를 행할 경우에는 완전한 공개가 이루어지며, 정보 은폐(private)를 행할 경우에는 완전한 은폐가 이루어집니다. 이 말은 정보 공개를 한 부분에 대해서는 읽기/쓰기(read/write)가 모두 자유로워지며, 정보 은폐를 한 부분에 대해서는 읽기/쓰기를 모두 차단한다는 것을 뜻합니다.

예를 들어, 정보를 은폐한 경우에는 정보가 들어있는 곳을 객체의 바깥에서 살짝 들여다 보기만 하는 읽기만 가능한 상태(read-only state)가 혹시 가능하지 않을까 하는 생각은 아예 버려야 합니다. 물론 쓰기만 가능한 상태(write-only state)가 혹시 가능하지 않을까 하는 생각도 아예 버려야 합니다.

정보 은폐가 이루어진 객체 내부의 정보에는 제 9장에서 배우는 프랜드(friend)가 아닌 한 어떠한 경우에도 외부에서 직접 접근(access)할 수 없습니다.

객체 외부에서 정보를 은폐한 객체 내부에 접근하려면, 객체 내부의 외부와 대화하기 위해 개방한 장소에 배치한 멤버 함수(member function)에 해당하는 메소드(method)를 통해야만 합니다. 일단 정보 개방한 메소드(멤버 함수)를 통하기만 하면 객체 내부의 은폐 영역에 있는 멤버 변수에 읽기/쓰기가 모두 가능해집니다.

"그러길래, 회사가 당신에게 정보 은폐를 선언하기 전에 성실하게 근무하라고 했죠?"

6.4 클래스와 객체의 개념 정리

몇 가지의 개념들을 정리하면 다음과 같습니다.

클래스(class)

- 객체의 제조 장치 형틀(template)
- 객체지향 구조체(struct)와 같으나, 내정 상태를 정보 은폐 상태로 정한 것
- 프로그램 실행과 관계 없는 정적 존재

객체(object) = 인스턴스(instance)

- 클래스(class)를 가지고 만든 인스턴스(instance)
- 클래스형 변수(class type variable)
- 프로그램 실행과 관계 있는 동적 존재

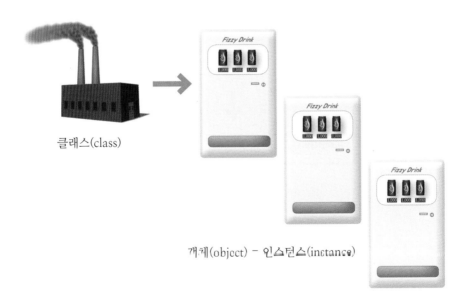

클래스(class)

객체(object) - 인스턴스(instance)

〈 클래스와 객체 〉

구조체와 비교한 클래스

구조체(struct)는 외부에 대해 기본적으로 투명한 캡슐(transparent capsule)이
지만, 클래스(class)는 외부에 대해 기본적으로 불투명한 캡슐(opaque capsule)

클래스(class)는 별다른 지정이 없는 한 기본적으로 정보 은폐(information hiding) 상태이지
만, 가급적 정확하게 private를 써서 정보 은폐를 하는 것이 바람직합니다. 공개하고 싶은 부
분은 public을 써서 공개할 수 있습니다.

객체지향 구조체(struct)와 클래스(class)는 모두 정보 은폐(private), 정보 보호(protected),
정보 개방(public) 등의 지정이 가능하지만, 객체지향 프로그래밍에서는 원칙적으로 클래스만
사용하는 것이 좋습니다.

이들 정보 은폐를 위한 private, 정보 보호를 위한 protected, 정보 개방을 위한 public의 용
법에 대해서는 이 책에서 앞으로 배우므로, 지금은 잘 몰라도 됩니다.

```
class Juice_t
{
  private:
    char name[20];
    int price;
  public:
    int setName(char *new_name);
    int setPrice(int new_price);
    int calcPrice(int s_num);
};
```

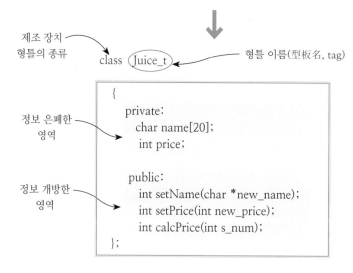

제조 장치
형틀의 종류   class Juice_t   형틀 이름(型板名, tag)

정보 은폐한
영역
```
{
  private:
    char name[20];
    int price;

  public:
    int setName(char *new_name);
    int setPrice(int new_price);
    int calcPrice(int s_num);
};
```
정보 개방한
영역

클래스(class)라는 주스 자판기 제조 장치 형틀에서 설정해준 멤버 변수(member variable)는 실제로 제조한 인스턴스(instance)인 주스 자판기라는 객체(客體, object)에서 변수(變數, variable)라는 형태로 기억 영역을 확보합니다.

제조한 주스 자판기의 주스 저장소 및 동전 저장소에 실제의 주스값인 동전과 판매할 음료수가 들어가는 것처럼 확보한 변수 영역에는 실제의 값(value)이 들어갑니다.

멤버 변수(member variable)

객체 내에 자료(data)를 담기 위해 확보해 둔 공간

값(value)

멤버 변수 속에 출입이 이루어지는 실제의 자료(data)

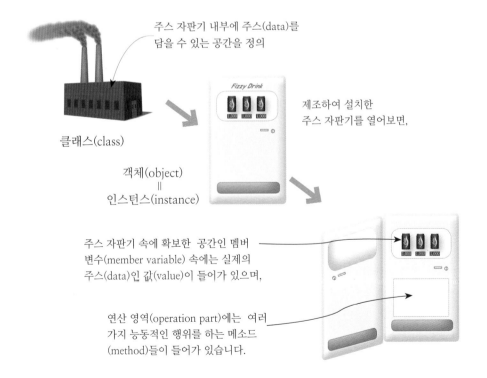

주스 자판기 내부에 주스(data)를
담을 수 있는 공간을 정의

클래스(class)

객체(object)
‖
인스턴스(instance)

제조하여 설치한
주스 자판기를 열어보면,

주스 자판기 속에 확보한 공간인 멤버
변수(member variable) 속에는 실제의
주스(data)인 값(value)이 들어가 있으며,

연산 영역(operation part)에는 여러
가지 능동적인 행위를 하는 메소드
(method)들이 들어가 있습니다.

여기서 멤버 변수(member variable)의 성질에 대해 좀 더 상세하게 알아 둘 필요가 있습니다.

객체지향 언어인 C++에서 사용하는 멤버 변수는 그 특성상 피동적인 자료(data)를 담는 변수만 허용하는 것이 아닙니다.

변수라는 것은 일종의 명사(名詞, noun)에 해당하는 객체를 담는 그릇이라고 보는 것이 더 타당합니다. 따라서 그것이 명사(名詞, noun), 명사구(名詞句, noun phrase), 명사절(名詞節, noun clause) 등에 관계 없이 명사 자격이 있는 것이면 모두 변수 속에 들어갈 자격이 있으며, 멤버 변수는 그러한 모든 것들을 각각 수용할 수 있도록 선언하여야 합니다.

예를 들어, 강남에 갔던 제비가 돌아 와서 준 박씨를 심어서 가을이 되어 박을 열었는데 그 속에 먹을 것만 들어있다면, 멤버 변수인 박은 피동적인 자료만 수용한 셈입니다. 그러나 그 박 속에 컴퓨터(computer)를 비롯한 능동적인 행위를 할 수 있는 내용물들이 들어있다면, 멤버 변수인 박은 능동적인 메소드(멤버 함수)를 포함한 또 다른 객체까지 수용하고 있는 셈이 되는 것입니다. 이러한 추상화가 가능해짐으로써 객체지향 언어는 복잡도를 제어하기가 쉬워집니다.

C++에서 클래스 형틀(class template)을 결정하고 나면, 해당 형틀(型板, template)로 만들어내는 객체(客體, object)는 개수에 관계없이 클래스 형틀과 동일한 특성(特性, characteristics)을 가지며, 동일한 행위(行爲, behavior)를 합니다. 이때 실제로 특성을 외부에 노출하며 행위를 하는 것은, 클래스 형틀이 아니라 클래스 형틀로 만든 인스턴스(instance)인 객체(object)입니다.

다시 말해서 실제로 들놀이를 다닐 수 있는 것은 정적 존재인 클래스(class)가 아니라 동적 존재인 객체(object)입니다.

참고로 객체(客體, object)가 외부에 대해 반응하는 기능(機能, function) 즉 행위(行爲, behavior)를 서비스(service)라는 용어(用語)로 표현하기도 합니다.

기능의 표현 예

행위(行爲, behavior) = 서비스(service)

C++언어에서 클래스(class)의 멤버 함수(member function)에 해당하는 메소드(method)를 만들어 주려면, 클래스 이름과 메소드 이름을 2개의 쌍점(::)으로 연결하여 작성해 준 뒤, 그 밑에 메소드 몸체를 만들어 주면 됩니다. 메소드의 나머지 부분의 작성법은 일반 C언어의 함수 작성법과 같습니다.

메소드를 만드는 법

```
클래스 이름::메소드 이름()
{
    메소드 몸체
}
```

```
class Counter
{
    private:                        정보 은폐한    ◄──── 클래스(class)
        int cnt;                    멤버 변수
    
    public:
        void setNumber(int num);    ◄──── 정보 공개한 메소드 원형
        void countNumber(void);
};

void Counter::setNumber(int num)
{
    cnt = num;                      ◄──┐
}                                       │
                                        ├─ 실제 일을 하는 메소드(method)
void Counter::countNumber(void)         │
{                                       │
    cnt = cnt+1;                    ◄──┘
}
```

한가지 주의할 점이 있는데, 클래스(class) 내부의 메소드 원형(prototype)이 들어가는 부분에 메소드 자체를 바로 작성해 넣는 경우를 종종 볼 수 있습니다. 그러나 이것은 C++언어의 방법론상 그다지 바람직하지 않습니다. 왜냐하면, Java가 메소드를 클래스 내부에서 작성하는 것과는 달리 C++언어는 메소드를 클래스 외부에서 작성하기 때문에, 클래스 내부에서 메소드 원형(method prototype)을 선언하지 않을 경우 규모 파악이 어려워지고 관리도 용이해지시 않기때문입니다.

클래스(class)는 일종의 형틀이므로, 메소드 자체는 별도로 외부에서 작성하는 것이 좋습니다.

클래스(class)는 프로그램 개발자가 일일이 만들어 사용할 수도 있으나, 통상적으로는 전문 클래스 개발자가 각 전문 영역별로 신뢰성 있는 클래스 형틀(class template)을 제조하여, 라이브러리(library) 형태로 제공하는 것을 이용하는 것이 바람직합니다.

전문 프로그래머의 단점을 지적하는 말 중의 하나로 "Not invented here!" 즉 "여기서 창안되지 않았다!"라는 구절이 있습니다.

그것은 전문 프로그래머들은 자기가 개발한 것이 아니면 잘 쓰지 않으려는 습성을 가지고 있다는 것을 단적으로 지적해주고 있는 것입니다.

인간은 모든 것을 혼자 해낼 수 없습니다. 그렇기 때문에 자기가 개발한 것이 아니라도 신뢰성 있다는 것이 확인되면, 중복해서 노력을 투자하기보다는 라이브러리 형태로 제공하는 클래스 형틀(class template)들을 적극적으로 활용하는 것이 바람직합니다.

클래스(class)는 추상화(抽象化, abstraction)를 통해 상위 개념으로 통합할 수 있으므로, 추상화(抽象化)의 개념을 잘 이해하고 있다면 라이브러리의 이용은 생각보다 상당히 쉽습니다.

클래스 부품 생산 공장
(class factory)

클래스 라이브러리
(class library)

클래스 부품 결합

개발자A
(부품 사용자)

개발자B
(부품 사용자)

연습문제

01 객체지향 구조체와 클래스의 차이점을 보안적인 시각에서 비교하여 조사한 후, 특징에 대해 토론해 보세요.

02 객체지향 개념에서 캡슐화가 차지하는 역할에 대해 조사해 본 후, 캡슐화를 할 경우에 정보 은폐를 반드시 동반하는 것이 좋은지에 대해 토론해 보세요.

03 클래스와 관련하여, 정보 공개(public), 정보 보호(protected), 정보 은폐(private) 의 개념을 적용하는 경우를 조사하고, 각각의 장단점에 대해 토론해 보세요.

04 클래스와 객체의 차이를 세부적으로 조사한 후, 형틀로서의 탬플릿이 필요한 이유에 대해 토론해 보세요.

05 외부에서 클래스 내의 멤버에 접근하는 방법을 실제 C++ 프로그램을 사용하여 실제 예를 들어서 작성한 후, 적정성에 대해 토론해 보세요.

제 7 장

추상화와 상태

7.1 추상화의 첫걸음

추상화(抽象化, abstraction)

복잡한 사물 속에서 중요한 측면만을 부각시켜 표현하는 것

인간은 눈에 보이는 사물(事物, thing) 즉 객체(客體, object)들을 요약하고 단순화시켜서 파악하는 선천적인 능력을 가지고 있습니다. 이러한 능력을 추상화 능력(抽象化能力, abstraction ability)이라고 합니다.

사물(객체)의 특징만을 추출할 수 있다는 이야기는, 인간이 어떠한 복잡한 실 세계의 사물을 대할 때, 최소한의 뇌의 기억 용량만으로도 자연스럽게 대상을 인식할 수 있다는 것을 뜻하는 것입니다.

인간은 추상화를 통해 실 세계의 사물을 대할 때 주목하고자 하는 부분을 명확화할 수 있고, 사물의 표현에 있어서 안정한 모델(model)을 구축할 수 있습니다.

특징 추출

〈 추상화(abstraction) 〉

객체지향(客體指向)을 논할 때, 약방의 감초처럼 머리를 내미는 것이 바로 객체지향의 3가지 기본 모델(model)입니다.

3가지 기본 모델에는 정적 모델(static model), 동적 모델(dynamic model), 기능 모델(functional model)이 있습니다.

여기서 정적 모델(static model)은 객체 모델(object model)이라고 부르기도 합니다.

그렇다면 이러한 모델링(modelling)은 무엇을 위한 작업일까요?

정적 모델링(객체 모델링)은 자료 구조(資料構造, data structure)의 여러 연관 관계를 한눈에 파악하기 위한 작업입니다.

기능 모델링은 정적 모델에서 파악한 자료를 입력 받아, 역시 정적 모델에서 파악한 자료를 출력하기 위한 기능(機能)을 수행하는 일종의 함수(函數, function)로서의 메소드(method)들을 한눈에 파악하기 위한 작업입니다.

동적 모델링은 과제를 문제 영역(problem domain)에서 해결 영역(solution domain)으로 이행시키는 과정에서 시간의 흐름에 따라 행하는 제어(制御, control) 작업을 한눈에 파악하기 위한 작업입니다.

이 모든 것을 바로 추상화 작업이라고 볼 수 있습니다.

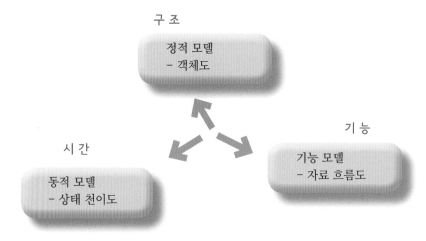

〈 객체지향 기법의 3가지 기본 모델〉

소프트웨어(software)의 개발 및 유지보수를 행할 때, 기본적으로 적용하는 것으로 생명주기 모델(lifecycle model)이 있습니다.

생명주기 모델에는 여러 가지가 있으나, 절차지향적인 측면에서 대표적으로 적용해온 모델은 폭포수형 모델(waterfall model)이며, 객체지향적인 측면에서 대표적으로 적용해온 모델(model)은 나선형 모델(spiral model), 점증형 모델(iterative and incremental model)이나 기민형 모델(agile model)입니다.

　폭포수형 모델의 문제점은, 타당성 조사와 같은 상위 단계로부터 유지보수와 같은 하위 단계로 폭포수처럼 진행하여, 상위 단계에서의 수정이 하위 단계에 즉각적으로 폭넓게 영향을 미치기 때문에, 고객의 의견을 반영하기가 상당히 어렵다는 점을 들 수 있습니다.

　이에 비해, 나선형 모델(spiral model)이나 점증형 모델(iterative and incremental model)이나 기민형 모델(agile model)과 같은 반복을 동반하는 모델은 수시로 사용자의 의견을 반영하여 지속적으로 수정 보완해나가는 식으로 진행해나가는 방식이기 때문에, 이론적인 측면에서 고객에게 만족감을 줄 수 있습니다. 여기시 이론직인 측면이라고 이야기한 이유는 실세적으로는 아직도 개발 실무에서는 정보화 사업의 발주 시점에서는 CBD기반의 점증형이나 기민형으로 제안했다 하더라도, 일단 사업을 착수하면 분석→설계→구현→시험→전개와 같은 폭포수형으로 진행하는 경우가 거의 대부분이기 때문입니다.

　이러한 문제점을 해결하기 위해 등장한 새로운 방법이 분석과 설계와 구현을 모두 병행하여 진행할 수 있는 병렬형 개발(PD : Parallel Development) 방법입니다. 병렬형 방법에 대해서는 다른 서적에서 별도로 상세하게 소개하겠습니다.

　이와 같은 생명주기 모델(life cycle model)의 파악도 근본을 살펴보면, 작업 능률을 향상시키기 위한 기준(baseline)의 마련을 위한 추상화 작업(abstraction work)이라고 볼 수 있습니다.

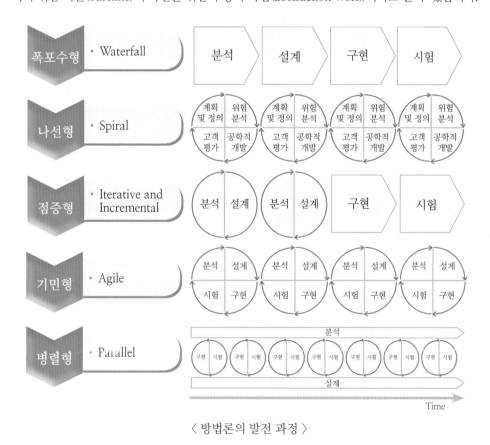

〈 방법론의 발전 과정 〉

7.2 절차지향의 추상화

> **절차지향의 추상화**
>
> 자료 추상화(data abstraction)만 가능

 C언어와 같은 절차지향 언어에서는 피동적인 멤버 변수(member variable)만을 모아서 구조체(struct)로 추상화시키는 「자료 추상화(data abstraction)」를 중심으로 추상화 작업이 이루어집니다.

 즉 「구조체(struct)」는 절차지향에서 실 세계의 사물을 추상화시킴에 있어서, 피동적 자료(passive data) 중심으로 추상화시킴으로써, 복잡도에 대한 제어가 부분적으로만 가능합니다.

 이것은 마치 인간을 추상화 파악함에 있어서, 인간이 먹는 음식을 담는 소화 기관만 추상화시키고 인간 전체를 통제하는 신경계나 생명 현상은 추상화시키지 않는 것과 같습니다.

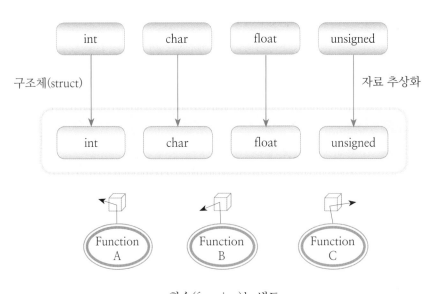

〈 C언어에서의 추상화 〉

7.3 객체지향의 추상화

> **객체지향의 추상화**
>
> 자료 추상화(data abstraction)와 메소드 추상화(method abstraction)가 모두 가능

　C++언어와 같은 객체지향 언어에서는 피동적인 멤버 변수(member variable)를 모아서 추상화시키는 「자료 추상화(data abstraction)」와 멤버 함수(member function)에 속하는 메소드(method)를 모아서 추상화시키는 「메소드 추상화(method abstraction)」의 복합적 진행을 통한 추상화 작업이 이루어집니다. 메소드 추상화를 함수 추상화(function abstraction)라고도합니다. 즉 「클래스(class)」는 객체지향에서 실세계의 사물을 추상화시킴에 있어서, 피동적 멤버 변수와 능동적 멤버 함수(메소드)를 복합적으로 추상화시킴으로써, 복잡도(複雜度, complexity)의 제어에 있어서 절차지향의 C언어와 차별화하였습니다.

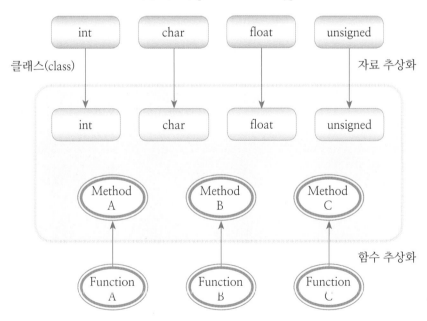

〈 C++언어에서의 추상화 〉

C++언어에서는 함수 추상화(function abstraction)와 자료 추상화(data abstraction)를 지원 함은 물론, 지원 가능한 내장 자료형(predefined data type)에 있어서 긴배정도실수(long double)도 지원하는 등의 확장이 이루어졌습니다.

〈 C++의 내장 자료형 〉

자료형	자료크기 (bit)	자료범위
char	1	−128 ~ +127
signed char	1	−128 ~ +127
unsigned char	1	0 ~ +255
int	2	−32768 ~ +32767(시스템 의존)
unsigned int	2	−32768 ~ +32767(시스템 의존)
short int	2	−32768 ~ +32767
unsigned short int	2	0 ~ +65535
long int	4	−2147483648 ~ +2147483647
unsigned long int	4	0~ +4294967295
float	4	−3.4E−38 ~ +3.4E+38
double	8	−1.7E−308 ~ +1.7E+308
long double	10	−1.2E−4932 ~ +1.2E+4932

이처럼 추상화는 크게 자료 추상화, 제어 추상화, 메소드 추상화(함수 추상화)의 3가지 측면에서 생각할 수 있습니다.

제어 추상화(制御抽象化)는 구조화객체부품(構造化客體部品)이라는 공식 명칭을 가진 소프트웨어 설계 부품인 쏙(SOC : Structured Object Component)을 이용하면 아주 간단하게 구현할 수 있습니다. 객체지향 언어인 C++을 쏙(SOC)과 결합하면, 모듈 추상화(module abstraction)를 완벽하게 지원합니다.

클래스(class)는 추상화 전략에 있어서 중요합니다.

클래스와 클래스간에는 「이다 관계」를 통해서 보다 일반화(추상화)한 상위 계층의 클래스와 보다 특별화(구체화)한 하위 계층의 클래스(class)가 추상화 사다리(ladder of abstraction)를 구성합니다.

클래스의 대부분은 인스턴스라는 객체를 생성할 수 있는 제조 장치 형틀로서의 역할을 하지만, 클래스 중에서 일부의 클래스는 인스턴스인 객체의 형틀로 작용하는 것이 아니라, 클래스 자체의 형틀(型板, template)로 작용하기도 합니다.

클래스에 대한 제조 장치 형틀로만 작용하는 클래스를 우리는 추상 클래스(abstract class)라고 합니다.

추상 클래스(abstract class)로 작용하는 클래스는 반드시 파생 클래스(derived class)를 가지며, 자신은 객체를 생성시키지 않습니다. 이때, 파생 클래스에 속하는 객체는 반드시 추상 클래스에도 속합니다.

추상 클래스(abstract class)

클래스의 형틀로만 작용하는 클래스

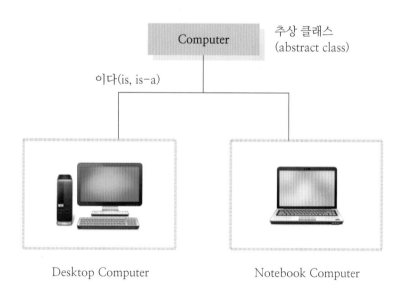

Desktop Computer   Notebook Computer

경우에 따라 기존 객체(客體, object)와 유사한 새로운 객체를 만들어주어야 할 필요가 있습니다. 이럴 때 제일 좋은 방법으로 생각나는 것이 기존의 객체를 약간 수정하면 어떨까 하는 것입니다. 그러나 기존의 객체보다 약간 개량한 객체를 만들어내기 위해 기존 객체를 수정하는 것은 허용이 안됩니다. 왜냐하면 이미 만든 트럭을 망치로 뜯어고쳐 승용차로 만들려고 하면 트럭을 부서뜨려 못쓰게 할 수 있기 때문입니다.

기존의 객체를 약간 개량하여 새로운 객체를 만들어내기 위해서는, 기존에 이미 클래스 형틀을 가지고 인스턴스(instance)로 만든 객체를 수정하는 것이 아니라, 기존의 객체를 만들어낸 객체 제조 장치 형틀인 기존의 클래스를 먼저 개량한 뒤에, 개량한 새로운 클래스를 통해서 새로운 객체의 제조를 해야 합니다.

수정 객체 제조(making modified object)

기존 객체의 클래스 형틀을 수정하여 제조

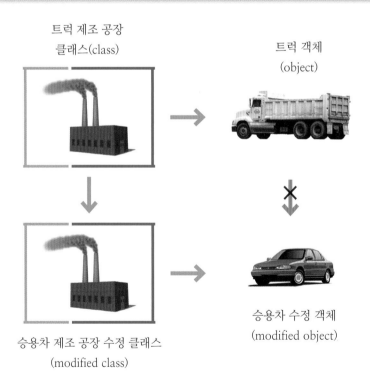

트럭 제조 공장
클래스(class)

트럭 객체
(object)

승용차 제조 공장 수정 클래스
(modified class)

승용차 수정 객체
(modified object)

　이상과 같은 추상화(抽象化, abstraction)에 관한 개념을 염두에 두고 프로그램을 바라본다면, 절차지향과 객체지향은 프로그램을 보는 시각에 있어서 상당한 차이가 있다는 것을 알 수 있습니다.

　C언어와 같은 절차지향 언어에서는 프로그램을 일련의 절차적으로 연결하는 함수(function)와 자료(data)의 결합으로 구성하는 것으로 보았습니다.

　하지만 C++과 같은 객체지향 언어에서는 함수와 자료의 결합으로 구성하는 것을 객체(object)로 보고, 객체와 객체가 서로 관계를 맺어서 프로그램을 형성하는 것으로 봅니다.

〈 POP(Procedure-Oriendted Programming)의 시각〉

Program	=	Algorithm	+	Data structure
		Action	+	Thing
		Operation	+	Operand
		Procedure	+	Data
		Function	+	Data

〈 OOP(Object-Oriented Programming)의 시각〉

Object	=	Algorithm	+	Data structure

Program	=	Object	+	Object

　어떤 방법이 더 좋다고 단정지을 수는 없고, 각각이 장단점을 가지고 있지만, 그렇더라도 객체지향의 시각은 중요한 발전입니다. 왜냐하면, 절차지향에서는 프로그램의 내용이 메인 함수(main function)를 중심으로 중앙 집중 방식(中央集中方式)으로 처리하는 형태로 구성할 수밖에 없었으나, 객체지향에서는 객체(客體, object)를 중심으로 분산 처리 방식(分散處理方式)으로 처리하는 형태로 구성할 수 있기 때문입니다.

　분산이 이루어진 지역간에는 통신수단이 필요합니다. 그래서 객체간의 메시지(message)를 이용한 통신(通信)이 중요합니다.

7.4 메시지(message)

> 메시지(message)
>
> 외부 환경과 객체와의 교신 수단

　메시지(message)는 외부 환경과 내부가 블랙 박스(black box)로 정보 은폐(情報隱蔽, information hiding)가 이루어진 객체(客體, object)와의 통신수단의 역할을 합니다.

　즉 메시지(message)란 객체(客體, object)에게 일을 시키기 위해 객체의 바깥으로부터 전달받는 명령(命令, order)과 이에 대한 응답(應答, reply)에 해당합니다.

　이때 객체에 대해 메시지(message)를 보내는 측은 송신 객체(送信客體, sending object)로서 고객(顧客, client)의 입장에 서고, 해당 메시지(message)를 받아 처리하여 응답해주는 객체(客體)는 수신 객체(受信客體, receiving object)로서 봉사자(奉仕者, server)의 입장에 섭니다.

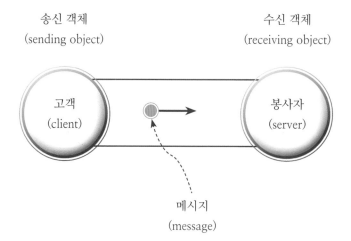

각 객체간에 서로 어떠한 작업을 요구할 필요가 발생할 경우에는, 이와 같이 메시지 (message)를 서로 주고받는 방법을 통해서 객체(客體) 상호간에 교신(交信, correspondence)을 행합니다. 이러한 방법은 사회 시스템의 측면에서 인간들이 서로 대화를 통해서 의사를 전달하는 것과 마찬가지라고 볼 수 있습니다. 유기체 시스템의 측면에서 보더라도 인체의 내부에서 각 세포(細胞, cell)간의 통신에 신경 전달 물질이 메시지(message) 역할을 하는 것과 같은 원리입니다.

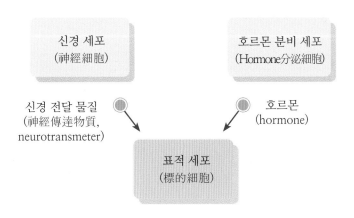

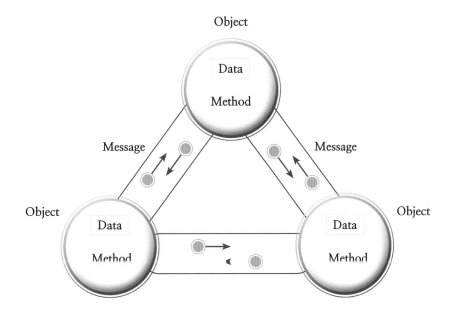

C++ 메시지를 나타내는 법

객체 이름. 메소드 이름(전달 내용)

C++에서 메시지를 나타내 주려면, 클래스 형틀(class template)로 찍어낸 인스턴스인 객체의 이름과 멤버 함수에 해당하는 메소드 이름을 1개의 마침표(.)로 연결하여 작성해 준 뒤, 그 옆의 소괄호 속에 보내고자 하는 메시지를 진달 내용으로 기입해줍니다.

예를 들어,

soyun.setNumber(1);

와 같이 메시지를 나타내 준다면, 「소연(soyun)」이라는 객체에게 "소연씨 숫자 1을 설정해주세요."라는 메시지를 보내는 것을 뜻합니다.

그렇게 하면, 소연(soyun)이라는 객체 내의 정보 공개한 영역에 있는 setNumber라는 메소드(멤버 함수)는 메시지를 통해 받은 전달 내용인 숫자 1을 가지고 외부에 대해 정보 은폐(information hiding)한 cnt라는 창고에 들어가 1을 집어넣어 설정합니다.

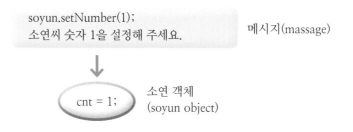

또한,

soyun.countNumber();

와 같이 메시지를 나타내 준다면, 「소연(soyun)」이라는 객체에게 "소연씨 숫자를 세어주세요."라는 메시지를 보내는 것을 뜻합니다.

그렇게 하면, 소연(soyun)이라는 객체 내의 정보 공개한 영역에 있는 countNumber라는 메소드(멤버 함수)는 외부에 대해 정보 은폐한 창고인 cnt에 들어가 숫자를 2로 증가시켜서 보관해 준 뒤, cnt 창고에 들어있는 2라는 숫자를 꺼내어 모니터(monitor) 화면에 표시합니다.

이처럼, 객체를 단순히 호출해주기만 하면 객체가 모든 것을 알아서 처리하도록 함으로써 보내고자 하는 메시지(message)가 필요 없어진 경우에는, 소괄호속에 아무것도 기입하지 않습니다.

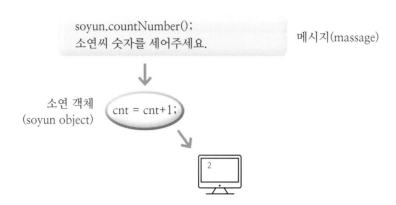

soyun.countNumber();
소연씨 숫자를 세어주세요.   메시지(massage)

소연 객체
(soyun object)   cnt = cnt+1;

예제 7.4.1 ┃ 메시지 1

📋 **쏙(SOC)**

```
#include <iostream>
using namespace std;

class Counter                    ※클래스
{
private:
  int cnt;                       ※정보 은폐한 멤버 변수
public:
  void setNumber(int num);    ※정보 공개한 setNumber 메소드 원형
  void countNumber(void);     ※정보 공개한 countNumber 메소드 원형
};

◆void main(void)

   ·Counter eunjung;      ※Counter클래스로 eunjung 객체 생성
   ·Counter nari;         ※Counter클래스로 nari 객체 생성
   □정수를 카운트 처리한다.

        ■eunjung.setNumber(1);
        ■nari.setNumber(2);
        ■eunjung.countNumber();
        ■nari.countNumber();


◆void Countor::ootNumbor(int num)

   □카운터의 초기값을 설정한다.

        ·cnt = num;              ※인수 num으로 cnt변수 초기화
```

◆void Counter::countNumber(void)

　　□카운트 처리를 한다.

　　　　· cnt = cnt + 1;　　　　※cnt를 1만큼 증가
　　　　· cout << cnt << 'Wn';　※증가시킨 cnt값 출력

프로그램

```
#include <iostream>
using namespace std;

class Counter                //클래스
{
private:
    int cnt;                 //정보 은폐한 멤버 변수
public:
    void setNumber(int num); //정보 공개한 setNumber 메소드 원형
    void countNumber(void);  //정보 공개한 countNumber 메소드 원형
};

void main(void)     {
    Counter eunjung;     // Counter클래스로 eunjung 객체 생성
    Counter nari;        // Counter클래스로 nari 객체 생성

    //.정수를 카운트 처리한다.
    {
        eunjung.setNumber(1);
        nari.setNumber(2);
        eunjung.countNumber();
        nari.countNumber();
    }
}

void Counter::setNumber(int num) {

    //.카운터의 초기값을 설정한다.
    {
        cnt = num;           // 인수 num으로 cnt변수 초기화
    }
}
```

```
void Counter::countNumber(void) {

  //.카운트 처리를 한다.
  {
    cnt = cnt+1;           // cnt를 1만큼 증가
    cout << cnt << '\n';  // 증가시킨 cnt값 출력
  }
}
```

▶ 실행 화면

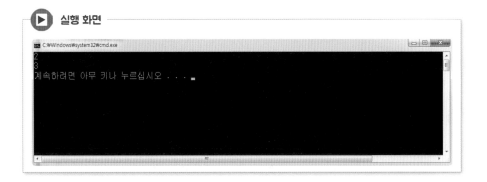

메시지는 반드시 대상 객체 내의 정보 공개한 영역을 통해서 보내야 하며, 정보 은폐한 멤버 변수(member variable)나 정보 은폐한 메소드(멤버 함수)로 직접 접근하는 것은 허용되지 않습니다.

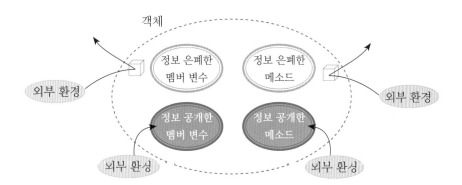

제 9장에서 배울 「프랜드(friend)」가 아닌 한, 외부로부터 특정 객체(specific object) 속에 접근할 때에는 반드시 외부에 대해 공개한 인터페이스 영역(public interface area)을 통해야만 합니다.

"이제 정보 공개한 우리 메소드끼리 메시지를 던져 대화해볼까요?"

C++언어에서 클래스가 많아지면, 하나의 프로그램에서 클래스를 일일이 나타내어 줄 때 프로그램이 복잡해지는 요인으로 작용할 수 있습니다.

이런 경우에는, 클래스만을 별도의 헤더 파일(header file)로 만들어서 보조 기억 장치에 저장시켜두었다가 프로그램 작성시 포함(include)시켜 주는 방법을 사용하는 것이 좋습니다.

클래스 이용의 단순화

클래스를 별도의 헤더 파일(header file)로 만들어서 프로그램 작성시 포함 (include) 시켜주는 방법을 사용

예를 들어 클래스를 "Counter.h"라는 파일(file)에 저장시켜 두었다면, 프로그램 작성시 #include "Counter.h" 와 같은 식으로 포함시켜줍니다.

```
class Counter
{
   private:
     int cnt;
   public:
     void setNumber(int num);
     void countNumber(void);
};
void Counter::setNumber(int num)
{
    cnt = num;
}
void Counter::countNumber(void)
{
    cnt = cnt+1;
}
```

Counter.h

〈 클래스의 헤더 파일(header file)화 〉

C++언어에서 헤더 파일(header file)을 포함(include)하는 방법은 2가지가 있습니다.

① #include "파일 이름" 으로 하는 방법
   지정한 파일 이름(file name)을 찾을 때, 우선 현재 디렉토리(directory)부터 검색한 뒤, 발견되지 않을 때, 환경 변수 INCLUDE로 지정한 디렉토리(directory)를 검색합니다.
   [예]

```
#include "Counter.h"
```

② #include 〈파일 이름〉 으로 하는 방법

지정한 파일 이름(file name)을 찾을 때, 무조건 환경변수 INCLUDE로 지정한 디렉토리(directory)만 검색합니다.

[예]

```
#include 〈Counter.h〉
```

환경변수를 설정하는 방법은 다음과 같습니다.

[1단계] 바탕화면의 "내컴퓨터" 아이콘에 오른쪽 마우스를 클릭하고, "속성"을 클릭하고, "고급 시스템 설정"을 클릭합니다.

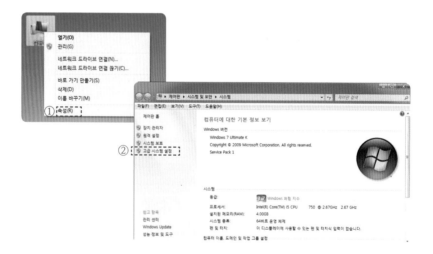

[2단계] "시스템 속성" 창에서 "환경 변수"를 클릭하면, "환경 변수"를 설정할 수 있는 창이 뜹니다. 여기에서 "INCLUDE"를 설정하면 됩니다.

예제 7.4.2   numcnt2.cpp c++프로그램

쏙(SOC)

```
#include <iostream>
using namespace std;
#include "Counter.h"    ※클래스 Counter를 헤더 파일로 만든 것

◆void main(void)

·Counter eunjung;    ※Counter 클래스로 eunjung 객체 생성
·Counter nari;       ※Counter 클래스로 nari 객체 생성
□정수를 카운트 처리한다.

        ·eunjung.setNumber(1);
        ·nari.setNumber(2);
        ·eunjung.countNumber();
        ·nari.countNumber();
```

프로그램

```
#include <iostream>
using namespace std;
#include "Counter.h"    //클래스 Counter를 헤더 파일로 만든 것

void main(void)    {
  Counter eunjung;      // Counter 클래스로 eunjung 객체 생성
  Counter nari;         // Counter 클래스로 nari 객체 생성

  //.정수를 카운트 처리한다.
  {
    eunjung.setNumber(1);
    nari.setNumber(2);
    eunjung.countNumber();
    nari.countNumber();
  }
}
```

▶ 실행 화면

예제 7.4.3 counter.h헤더파일

🗐 쏙(SOC)

```
class Counter              ※클래스
{
private:
  int cnt;                 ※정보 은폐한 멤버 변수
public:
  void setNumber(int num); ※정보 공개한 setNumber 메소드 원형
  void countNumber(void);  ※정보 공개한 countNumber 메소드 원형
};

◆void Counter::setNumber(int num)

  □카운터의 초기값을 설정한다.

      · cnt = num;              ※인수 num으로 cnt변수 초기화


◆void Counter::countNumber(void)

  □카운트 처리를 한다.

      · cnt = cnt+1;            ※cnt를 1만큼 증가
      · cout << cnt << 'Wn';    ※증가시킨 cnt값 출력
```

📑 **프로그램**

```
class Counter              //클래스
{
private:
   int cnt;               //정보 은폐한 멤버 변수
public:
   void setNumber(int num);  //정보 공개한 setNumber 메소드 원형
   void countNumber(void);   //정보 공개한 countNumber 메소드 원형
};

void Counter::setNumber(int num) {

   //.카운터의 초기값을 설정한다.
   {
      cnt = num;           // 인수 num으로 cnt변수 초기화
   }
}

void Counter::countNumber(void) {

   //.카운트 처리를 한다.
   {
      cnt = cnt+1;         // cnt를 1만큼 증가
      cout << cnt << '\n'; // 증가시킨 cnt값 출력
   }
}
```

    여기서 파일(file)이라는 용어(用語)에 대해 생소하게 느끼는 분을 위해, 몇 가지 관련 있는 용어들을 정리해 드리도록 하겠습니다.

    정보의 최소 기억단위는 정보의 낱알이므로 '비트(bit)'라고 합니다. 비트가 뭉쳐서 '바이트(byte)'를 구성합니다. 바이트가 모여 '워드(word)'를 구성합니다. 워드는 길이에 따라 '하프 워드(half word)', '풀 워드(full word)', '더블 워드(double word)' 등으로 나뉩니다. 워드가 모여 '필드(field)'를 구성합니다. 필드가 모여서 '레코드(record)'를 구성합니다. 레코드를 뮤어서 '파일(file)'을 구성합니다. 또한 파일이 모여서 '데이터베이스(database)'를 구성하는 것입니다.

작은 개념부터 차례로 나열하면 다음과 같습니다.

비트(bit)→바이트(byte)→워드(word)→필드(field) →레코드(record) →파일(file)→
데이터베이스(database)

즉, 파일(file)은 여러 정보들을 추상화한 형태이므로, 헤더 파일(header file)을 적절히 만들
어서 활용하면, 큰 프로그램 작성시 많은 도움을 받을 수 있습니다.

"헤더 파일을 사용하니 프로그래밍이 아주 편리하군.. ^^"

객체는 하나의 시스템이라고 볼 수 있습니다. 시스템은 내부에 둘 이상의 멤버(element, member)를 가지고 있으며, 목적성을 가지고 움직입니다.

작은 시스템들을 통합하여, 보다 큰 시스템으로 추상화할 수 있으며, 큰 시스템들을 분할하여 보다 작은 시스템으로 구체화할 수 있습니다.

인간이라는 객체가 서로 대화를 통해 상호작용(相互作用, interaction)을 하는 것처럼, 인간 내부의 작은 시스템 객체인 세포도 서로 대화를 통해 디지털 또는 아날로그 정보를 주고받으면서 상호작용을 하고 있습니다.

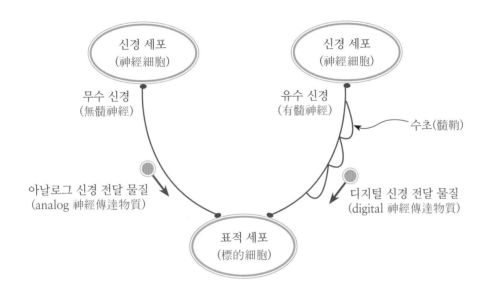

〈 메시지의 성질 〉

이처럼, 객체 내부의 메소드(멤버 함수)가 외부의 다른 객체와 메시지를 주고받는 형태로, 각 객체간에 자유롭게 서로 영향을 주고받으면서, 상호작용(相互作用, interaction)을 할 수 있도록 구성한 시스템을 우리는 개방 시스템(open system)이라고 합니다.

인간은 개방 시스템의 일종으로 환경의 영향을 긴밀하게 받으며, 외부로부터 메시지를 받으면 내부에서 상태(狀態, state)라는 형태로 반응을 합니다.

외부 환경에서 객체에게 메시지를 보내는 C++ 프로그램의 예를 하나만 더 들어보기로 하겠습니다.

예제 7.4.4 | 메시지 2

쏙(SOC)

```
#include <iostream>
using namespace std;
#include <string.h>

const int MAX_LEN = 255;

struct StringData
{
private:
  char s[MAX_LEN];      ※정보 은폐한 멤버 변수
  int len;
public:
  void assign(char *st);    ※정보 공개한 assign 메소드 원형
  int length(void);         ※정보 공개한 length 메소드 원형
  void print(void);         ※정보 공개한 print 메소드 원형
};
```

◆void main(void)

· StringData name_one;   ※StringData구조체로 name_one 객체 생성
· StringData name_two;   ※StringData구조체로 name_two 객체 생성
· int len1;   ※ 정수형 변수 선언
· int len2;   ※ 정수형 변수 선언
※문자형 배열 변수 선언 및 초기화
· char name_three[40] = {"Jung Minhee"};
□문자열의 길이값을 처리한다.

　　　※객체 name_one의 메소드(멤버 함수)인 assign에게 메시지 전송
　　　■name_one.assign("Park Kyunghwa");
　　　※객체 name_two의 메소드(멤버 함수)인 assign에게
　　　※배열 변수 name_three에 있는 메시지 전송
　　　■name_two.assign(name_three);
　　　□배열 변수에 저장된 문자열의 길이값을 처리한다.

　　　　　· cout << name_three;
　　　　　· cout << "WnLength: " << strlen(name_three);
　　　　　· cout << "Wn";

　　　□문자열의 길이값을 비교하여 처리한다.

　　　　　※객체 name_one의 메소드(멤버 함수)인 length에게 스스로
　　　　　※작업하라는 메시지 전송 후 len1변수에 응답 메시지 수신
　　　　　■len1 = name_one.length();
　　　　　※객체 name_two의 메소드(멤버 함수)인 length에게 스스로
　　　　　※작업하라는 메시지 전송 후 len2변수에 응답 메시지 수신
　　　　　■len2 = name_two.length();
　　　　　△길이값을 검사하여 처리한다.
　　　　　　◇(len1 <= len2)

　　　　　　　T ※객체 name_one의 메소드(멤버 함수)인 print에게
　　　　　　　　※스스로 작업하라는 메시지 전송
　　　　　　　　■name_one.print();

　　⓪　　①　　②

◎　①　②

◇

T ※객체 name_two의 메소드(멤버 함수)인 print에게
　※스스로 작업하라는 메시지 전송
　■name_two.print();

◆void StringData::assign(char *st)

□문자열의 길이를 구한다.

· strcpy_s(s, sizeof(s), st);
· len = strlen(st);

◆int StringData::length(void)

□문자열의 길이값을 돌려준다.

· return(len);

◆void StringData::print()

□문자열의 길이값을 출력한다.

· cout << s << "₩nLength: " << len << "₩n";

📄 **프로그램**

```cpp
#include <iostream>
using namespace std;
#include <string.h>

const int MAX_LEN = 255;

struct StringData
{
private:
  char s[MAX_LEN];     //정보 은폐한 멤버 변수
  int len;
public:
  void assign(char *st); //정보 공개한 assign 메소드 원형
  int length(void);        //정보 공개한 length 메소드 원형
  void print(void);        //정보 공개한 print 메소드 원형
```

```
};
void main(void) {
  StringData name_one;      // StringData구조체로 name_one 객체 생성
  StringData name_two;      // StringData구조체로 name_two 객체 생성
  int len1;        // 정수형 변수 선언
  int len2;        // 정수형 변수 선언
  // 문자형 배열 변수 선언 및 초기화
  char name_three[40] = {"Jung Minhee"};

  //.문자열의 길이값을 처리한다.
  {
    // 객체 name_one의 메소드(멤버 함수)인 assign에게 메시지 전송
    name_one.assign("Park Kyunghwa");
    // 객체 name_two의 메소드(멤버 함수)인 assign에게
    // 배열 변수 name_three에 있는 메시지 전송
    name_two.assign(name_three);

    //.배열 변수에 저장된 문자열의 길이값을 처리한다.
    {
      cout << name_three;
      cout << "₩nLength: " << strlen(name_three);
      cout << "₩n";
    }

    //.문자열의 길이값을 비교하여 처리한다.
    {
      // 객체 name_one의 메소드(멤버 함수)인 length에게 스스로
      // 작업하라는 메시지 전송 후 len1변수에 응답 메시지 수신
      len1 = name_one.length();
      // 객체 name_two의 메소드(멤버 함수)인 length에게 스스로
      // 작업하라는 메시지 전송 후 len2변수에 응답 메시지 수신
      len2 = name_two.length();

      //.길이값을 검사하여 처리한다.
      if (len1 <= len2) {
        // 객체 name_one의 메소드(멤버 함수)인 print에게
        // 스스로 작업하라는 메시지 전송
        name_one.print();
      }
      else {
        // 객체 name_two의 메소드(멤버 함수)인 print에게
        // 스스로 작업하라는 메시지 전송
        name_two.print();
      }
```

```
      }
    }
}

void StringData::assign(char *st) {

  //.문자열의 길이를 구한다.
  {
    strcpy_s(s, sizeof(s), st);
    len = strlen(st);
  }
}

int StringData::length(void) {

  //.문자열의 길이값을 돌려준다.
  {
    return(len);
  }
}

void StringData::print() {

  //.문자열의 길이값을 출력한다.
  {
    cout << s << "\nLength: " << len << "\n";
  }
}
```

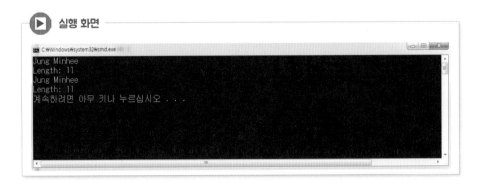

메시지 2에서 쓰여진 메시지(message)에 대해 설명해 보기로 하겠습니다.

---

name_one.assign("Park Kyunghwa");

풀이   StringData 클래스형(class type) 객체 name_one의 메소드인 assign
에게 "Park Kyunghwa"라는 메시지를 보내시오.

---

name_two.assign(name_three);

풀이   StringData 클래스형(class type) 객체 name_two의 메소드인 assign
에게 name_three라는 배열에 들어있는 "Jung Minhee"이라는 메시지를
보내시오.

---

len1 = name_one.length();

풀이   StringData 클래스형(class type) 객체 name_one의 메소드인 length
에게 스스로 알아서 작업하라는 메시지를 보내고, 응답 메시지를 len1
변수에 담아오시오.

---

name_one.print();

풀이   StringData 클래스형(class type) 객체 name_one의 메소드인 print에게
스스로 알아서 작업하라는 메시지를 보내시오.

메시지는 이처럼 객체의 대응 행동을 유발하여 객체 상태(object state)를 변화시키는데 쓰입니다.

7.5 상태란 무엇인가?

> **상태(狀態, state)**
>
> 객체 자체의 속성(屬性, attribute)과 객체 바깥으로부터 전달받는 메시지(message)에 대한 대응 행동(behavior) 속성

모든 객체는 상태(狀態, state)를 가지고 있습니다.

이 상태는 객체 내부의 속성값과 외부에서 전달받은 메시지(message)에 따라 차이가 납니다.

예를 들어 인간에게 있어서 두뇌 객체의 상태는, 인간 두뇌 생명 속성이 살아있는(ON, 生) 상태에서 A계 신경을 통해 메시지가 들어오면 각성 촉진(覺醒促進) 상태를 형성하고, B계 신경을 통해 메시지가 들어오면 각성 억제(覺醒抑制) 상태를 형성합니다.

이러한 두뇌의 상태는 인간의 두뇌 생명 속성이 살아있는 ON(生) 상태에서만, 상태의 변화가 나타납니다.

인간의 두뇌(頭腦)는 생명이 살아있지 않은 OFF 상태인 경우에는 전혀 반응하지 않습니다.

이와 같이 외부의 메시지에 대해 객체가 전혀 반응하지 않거나, 언제나 동일한 대응 행동(behavior)을 할 때에 객체는 동일한 상태(同一狀態, same state)에 있다고 볼 수 있습니다. 활성화한 객체의 상태는 일정한 기준을 가지고 살펴볼 때, 태극(太極) 원리의 지배를 받고 있음을 알 수 있습니다.

상태(state)를 우리 인간 두뇌 객체를 중심으로 살펴본다면, 두뇌 객체(頭腦客體, brain object)의 메소드(멤버 함수)는 자신에게 어떠한 메시지 신호가 전해지는가에 따라서, 적절하게 두뇌를 통제합니다.

예를 들어, 카테콜아민(catecholamin) 계열의 도파민(dopamine), 노르아드레날린(noradrenalin), 아드레날린(adrenalin) 등의 신경 전달 물질 호르몬 메시지를 분비하면, 두뇌 객체는 각성 촉진 상태로 전환하여 인간은 각성·쾌감 등의 반응을 나타내며, 세로토닌(serotonin) 등의 신경 전달 물질 메시지(message)를 분비하면, 두뇌 객체는 각성 억제 상태로 전환하여 인간은 억제·불쾌감 등의 반응을 나타냅니다.

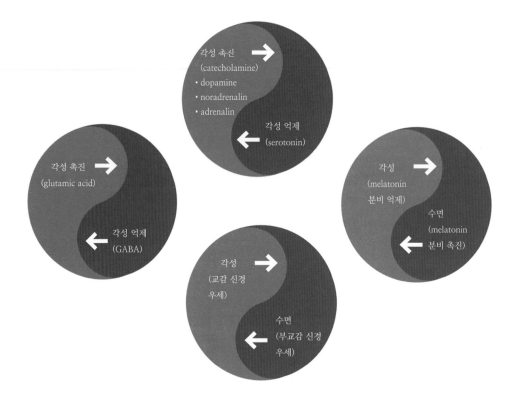

객체가 한 상태에서 다른 상태로 전환할 때, 음양(陰陽)이 적절하게 균형을 이룰 경우와 균형이 어긋날 경우를 생각할 수 있습니다.

균형을 이루고 있는 상태를 우리는 중성(中性) 상태로 보고, 균형이 객체 상태를 보다 동적으로 만드는 쪽으로 기울어지는 상태를 양성(陽性) 상태, 균형이 객체 상태를 보다 정적으로 만드는 쪽으로 기울어지는 상태를 음성(陰性) 상태로 봅니다.

예를 들어, 인간의 두뇌 객체는 중성 상태에서 중성 뇌파인 알파파(α波)를 방출하며, 신경 전달 물질로서 베타 엔돌핀(β-endorpine)을 주로 분비합니다. 하지만, 양성 상태에서는 양성 뇌파인 베타파(β波)나 감마파(γ波)를 방출하며, 신경 전달 물질로서 아드레날린(adrenalin)을 주로 분비합니다. 또한 음성 상태에서는 음성 뇌파인 쎄타파(θ波)나 델타파(δ波)를 방출하며, 신경 전달 물질로서 멜라토닌(melatonin)을 주로 분비합니다.

이처럼, 상태는 메시지에 따라서 다르게 나타납니다. 만일 외국을 여행하다가 시차(時差) 때문에 밤에 잠을 자기 어렵다면, 멜라토닌(melatonin)을 투약함으로써 인간 객체가 음성 상태로 들어가도록 유도하여 쾌면(快眠)을 취할 수 있는 것도 이 때문입니다.

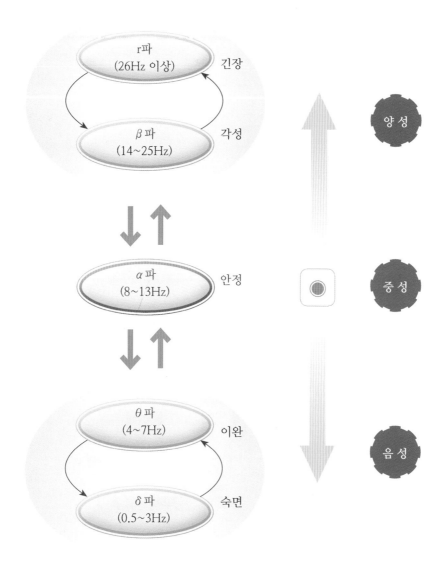

7.6 상태 천이(state transition)

객체의 상태(狀態, state)는 시간의 흐름과 객체에게 전해지는 메시지(message)에 따라 변화합니다. 문제의 해결 과정을 명확하게 하기 위해서는, 이러한 상태의 천이(遷移) 과정을 그림으로 표현하여 이해하는 것이 바람직합니다.

객체의 상태 천이를 일목요연하게 나타내어주는 것이 상태 천이도(狀態遷移圖, state transition diagram)입니다.

상태 천이(state transition)

시간 및 메시지에 따른 상태의 변화

상태 천이도(STD : State Transition Diagram)

객체의 상태 천이를 나타내는 그림

"헤헤, 교수님이 코딩이 중요하다고 강조하셔서 설계를 생략했거든요.. ^^;"
"으으.. 다량의 아드레날린 분비로 혈압 상승 상태 천이가 일어나는구나.."

⟨ 어떤 상태 천이 ⟩

상태 천이도(狀態遷移圖, state transition diagram)란 별다른 것이 아닙니다.

각 객체의 자신 내부의 상태와 메시지에 따른 상태 변화를 분석 정리하여, 중요한 상태 천이 양상을 추출한 뒤 그림으로 그려주는 것입니다.

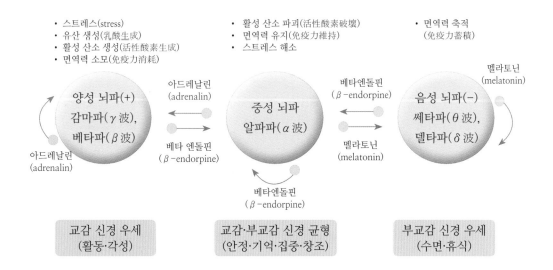

인간의 신경 전달 물질 생성에 따른 면역력 상태 변화를 정리하여 상태 천이도(STD : State Transition Diagram)로 그려주면 다음과 같은 모습으로 나타납니다.

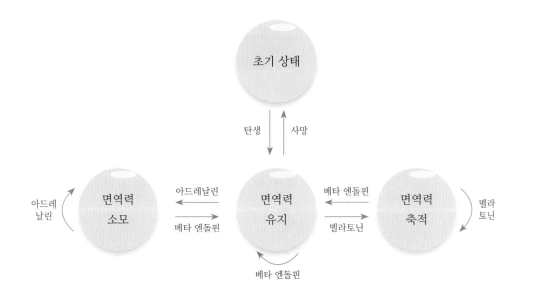

7.7 생성 함수와 소멸 함수

C++에서 생성 함수(生成函數, constructor)는 객체 초기화(客體初期化) 작업을 전담하며, 소멸 함수(消滅函數, destructor)는 객체 제거(客體除去) 작업을 전담합니다. 생성 함수를 생성자로, 소멸 함수를 소멸자로 부르는 경우가 많습니다.

생성 함수(constructor)

특정한 객체 제조 장치인 클래스(class) 형틀을 가지고 객체를 생성할 때, 객체에 대한 초기화 작업을 전담하는 함수로서, 클래스 이름과 동일한 이름을 가진 것

소멸 함수(destructor)

사용이 끝난 객체를 소멸시킬 때, 종료 처리를 전담하는 함수로서, 클래스 이름 (class name)과 동일한 이름 앞에 ~기호를 붙인 함수

객체 제조 공장(class)

객체 생성	←	생성 함수(constructor) 사용
객체 사용	←	메시지(message) 사용
객체 소멸	←	소멸 함수(destructor) 사용

C++언어에서 생성 함수는 생성자라고도 하며, 소멸 함수는 소멸자라고도 합니다. 그러나 본서에서는 다른 함수와의 용어 통일성을 위해 생성 함수, 소멸 함수와 같이 함수라는 명칭을 사용하기로 하겠습니다.

C++언어에서 생성 함수(生成函數, constructor)와 소멸 함수(消滅函數, destructor)를 작성할 때에는, 일반 메소드(함수)를 작성할 때와는 다른 주의가 필요합니다.

생성 함수는 객체의 생성(제조)시에 객체의 초기화 작업을 행하는 일만을 전담해서 행하며, 소멸 함수는 객체의 사용 완료 시에 객체의 종료 작업과 객체가 사용했던 기억 영역(memory)을 해제해주는 작업만을 전담해서 행합니다.

그렇기 때문에, 생성 함수와 소멸 함수에는 어떠한 특정한 형(type)도 덧붙여서는 안됩니다. 즉,

```
void Counter(int num);
```

이라든가,

```
void ~Counter();
```

등과 같이 void라든가 int와 같은 특정한 형(type)을 지정해서는 안됩니다.

예제 7.7.1   Counter2.h헤더파일

📄 **쏙(SOC)**

```
class Counter
{
private:
  int cnt;
public:
  Counter(int num);          ※생성 함수 원형(prototype)
  ~Counter();                ※소멸 함수 원형(prototype)
  void setNumber(int num);
  void countNumber(void);
};

◆Counter::Counter(int num)

    □객체 생성 시 정수의 초기값을 설정한다.

        ■setNumber(num);


◆Counter::~Counter()

```

◆void Counter::setNumber(int num)

　　□카운터의 초기값을 설정한다.

　　　　· cnt = num;

◆void Counter::countNumber(void)

　　□카운트 처리를 한다.

　　　　· cnt = cnt+1;　　　　　　※cnt를 1만큼 증가
　　　　· cout << cnt << 'Wn';　　※증가시킨 cnt값 출력

📄 프로그램

```cpp
class Counter
{
private:
 int cnt;
public:
 Counter(int num);          //생성 함수 원형(prototype)
 ~Counter();                //소멸 함수 원형(prototype)
 void setNumber(int num);
 void countNumber(void);
};

Counter::Counter(int num)    {

  //.객체 생성 시 정수의 초기값을 설정한다.
  {
    setNumber(num);
  }
}

Counter::~Counter()        {
}

void Counter::setNumber(int num) {

  //.카운터의 초기값을 설정한다.
  {
```

```
        cnt = num;
    }
}

void Counter::countNumber(void) {

    //.카운트 처리를 한다.
    {
        cnt = cnt+1;            // cnt를 1만큼 증가
        cout << cnt << '\n';    // 증가시킨 cnt값 출력
    }
}
```

예제 7.7.2   numcnt3.cpp c++프로그램

 쏙(SOC)

```
#include <iostream>
using namespace std;
#include "Counter2.h"         ※클래스 Counter2를 헤더파일로 만든 것

◆void main(void)

    ※Counter클래스로 kyungim 객체 생성 시 생성 함수에 초기값 전달
    ·Counter kyungim(1);
    ※Counter클래스로 kyunghwa 객체 생성 시 생성 함수에 초기값 전달
    ·Counter kyunghwa(2);
    □정수를 카운트 처리한다.

            ·kyungim.countNumber();
            ·kyunghwa.countNumber();
```

📄 프로그램

```
#include <iostream>
using namespace std;
#include "Counter2.h"        //클래스 Counter2를 헤더파일로 만든 것

void main(void) {
    // Counter클래스로 kyungim 객체 생성 시 생성 함수에 초기값 전달
    Counter kyungim(1);
    // Counter클래스로 kyunghwa 객체 생성 시 생성 함수에 초기값 전달
```

```
    Counter kyunghwa(2);

    //.정수를 카운트 처리한다.
    {
      kyungim.countNumber();
      kyunghwa.countNumber();
    }
}
```

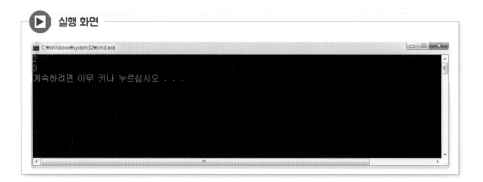

▶ 실행 화면

 C++언어에서 생성 함수(生成函數, constructor)를 이용하여 객체의 초기화(初期化, initialization) 작업을 수행하려면, 클래스형(class type)의 변수(變數)인 객체(客體, object)를 생성할 때 직접 초기화를 원하는 값을 지정해줄 수 있습니다.

 하지만, 객체를 이용한 작업을 완료할 때의 종료 처리를 위해 굳이 별도로 소멸 함수를 호출해 줄 필요는 없으며, 일단 클래스(class) 내에 소멸 함수(destructor)를 정의해 주기만 하면, 객체의 작업을 완료할 때에 자동적으로 소멸 함수를 호출하여 종료 처리를 진행합니다.

 「Counter2.h」헤더 파일(header file)에서 메소드(멤버 함수) 「setNumber(int num)」를 생성 함수(生成函數, constructor)를 통해서만 호출하여, 객체의 멤버 변수의 초기화 작업에만 관계하고, 외부에서 별도로 호출하는 것이 바람직하지 않을 경우가 있습니다.

 이런 경우에는 잘못하여 객체 외부로부터의 호출을 허용하지 않도록 「setNumber(int num)」메소드(멤버 함수)를 private영역으로 옮겨서, 「Counter3.h」헤더 파일(header file)과 같이 정보 은폐(情報隱蔽, information hiding)시켜주는 것이 바람직합니다.

 그렇게 해주면 「numcnt3.cpp」 C++ 프로그램을 그대로 사용해주어도 똑같은 결과를 낼 수 있습니다.

이 경우에 생성 함수를 작동시켜 초기화를 행하는 순서는 다음과 같습니다.

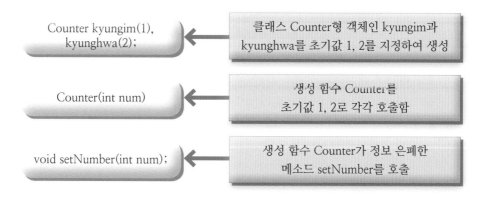

Counter kyungim(1), kyunghwa(2);	클래스 Counter형 객체인 kyungim과 kyunghwa를 초기값 1, 2를 지정하여 생성
Counter(int num)	생성 함수 Counter를 초기값 1, 2로 각각 호출함
void setNumber(int num);	생성 함수 Counter가 정보 은폐한 메소드 setNumber를 호출

예제 7.7.3   Counter3.h 헤더 파일

쏙(SOC)

```
class Counter
{
private:
   int cnt;
public:
   Counter(int num);           ※생성 함수 원형(prototype)
   ~Counter();                 ※소멸 함수 원형(prototype)
   void setNumber(int num);
   void countNumber(void);
};
```

◆Counter::Counter(int num)

　　□객체 생성 시 정수의 초기값을 설정한다.

　　　　■setNumber(num);

◆Counter::~Counter()

◆void Counter::setNumber(int num)

　　□카운터의 초기값을 설정한다.

　　　　· cnt = num;

◆void Counter::countNumber(void)

　□카운트 처리를 한다.

　　　·cnt = cnt+1;　　　　　※cnt를 1만큼 증가
　　　·cout << cnt << 'Wn';　　※증가시킨 cnt값 출력

📄 **프로그램**

```cpp
class Counter
{
private:
  int cnt;
public:
  Counter(int num);        //생성 함수 원형(prototype)
  ~Counter();              //소멸 함수 원형(prototype)
  void setNumber(int num);
  void countNumber(void);
};

Counter::Counter(int num)    {

  //.객체 생성 시 정수의 초기값을 설정한다.
  {
    setNumber(num);
  }
}

Counter::~Counter()         {
}

void Counter::setNumber(int num) {

  //.카운터의 초기값을 설정한다.
  {
    cnt = num;
  }
}

void Counter::countNumber(void) {

  //.카운트 처리를 한다.
```

```
    {
      cnt = cnt+1;            // cnt를 1만큼 증가
      cout << cnt << '₩n';   // 증가시킨 cnt값 출력
    }
}
```

✏️ 연습문제

01 추상화(Abstraction)의 필요성을 컴퓨팅 사고(Computational Thinking)에 대비하여 조사한 후, 실제 추상화의 예를 들어 적정성에 대해 토론해 보세요.

02 소프트웨어 개발을 위한 객체지향 모델링 중에서 정적 모델, 동적 모델, 기능 모델에 대해 조사한 후, 각각의 특징에 대해 토론해 보세요.

03 추상화 방법 중에서 자료 추상화, 제어 추상화, 메소드 추상화의 각각에 대해 세부적으로 조사한 후, 쏙(SOC : Structured Object Component)을 사용하여 추상화 하는 연습을 해 보세요.

04 추상 클래스와 일반 클래스의 차이를 조사하고, 실제 프로그래밍 현장에서 추상 클래스를 사용하는 방법을 구체적인 프로그래밍 사례를 들어서 검토해 보세요.

05 객체간의 교신에 사용하는 메시지의 역할을 세부적으로 조사한 후, 실제 C++ 프로그래밍시 메시지를 작성하는 사례를 들어 적정성을 검토해 보세요.

제 8 장

상속 기법의 모든 것

8.1 클래스에 있어서의 관계

클래스(class)는 성질상 「이다 관계」와 「가지다 관계」를 가지고 있습니다.

「is」 또는 「is-a」로 표현하는 「이다 관계」는 기준 클래스(base class)와 파생 클래스(derived class)간의 상속 관계(相續關係, inheritance relation)를 뜻하며, 「has」 또는 「has-a」로 표현하는 「가지다 관계」는 클래스와 클래스를 구성하는 요소(member)간의 구성 관계(構成關係, composition relation)를 뜻합니다.

이 둘 중에서, 지금까지 우리는 「가지다 관계」에 대해서는 객체(object)의 멤버(member)에 대한 설명을 통해 어느 정도 자세히 다뤄보았기 때문에, 이제부터는 「이다 관계」로 볼 수 있는 상속 관계(相續關係, inheritance relation)에 대해서 자세히 다뤄보겠습니다.

상속 관계(相續關係)는 객체지향에서도 아주 중요한 개념에 속하므로, 잘 이해해 두어야 합니다.

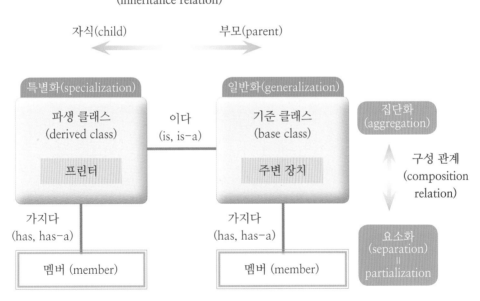

수변 상치는 전원 스위지들 가신나.(Peripheral device has a POWER switch.)
- 프린터는 주변 장치다.(Printer is a peripheral device.)
- 프린터는 전원 스위치를 가진다.(Printer has a POWER switch.)
- 프린터는 토너 카트리지를 가진다.(Printer has a toner cartridge.)

8.2 클래스 계층(class hierarchy)

클래스(class)에 있어서 기준 클래스(base class)와 파생 클래스(derived class)간의 사이에 「이다 관계」가 성립한다는 이야기는 기준 클래스와 파생 클래스간에 상속 관계가 성립한다는 것을 뜻합니다.

예를 들어, 윤희 두뇌와 서래 두뇌는 인간 두뇌이며, 인간 두뇌는 생물 두뇌의 일종입니다.

이때, 인간 두뇌는 생물 두뇌의 기본 속성을 상속받은 상태에서 자신만의 특별한 속성을 추가하여 보유하며, 서래 두뇌는 생물 두뇌와 인간 두뇌의 모든 속성을 상속받은 상태에서 자신만의 특별한 속성을 추가하여 보유합니다.

이러한 관계는 상속을 계속 진행함에 따라, 보다 특별화한 형태로 계속 진화합니다.

상속(相續, inheritance)의 계층성은 아주 중요합니다.

클래스(class)간의 상속 관계를 계층적으로 체계화함으로써, 기존 속성을 효율적으로 진화시킬 수 있으며, 기존 속성과 확장 속성의 구분이 가능해집니다.

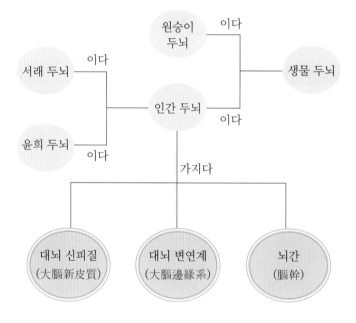

〈 클래스간의 관계의 예 〉

집을 한번 생각해 보겠습니다.

집은 그것이 어떤 집이건 벽, 지붕, 문 등을 가지고 있습니다. 하지만 집을 구체화하여 회사 건물, 교회, 단독 주택, 아파트 건물 등으로 특별화하면, 특별화한 하위의 파생 클래스(derived class)에서 상위의 기준 클래스(base class)의 속성을 이어받은 상태에서 특별화한 클래스의 속성을 추가하는 형식으로 차별화합니다.

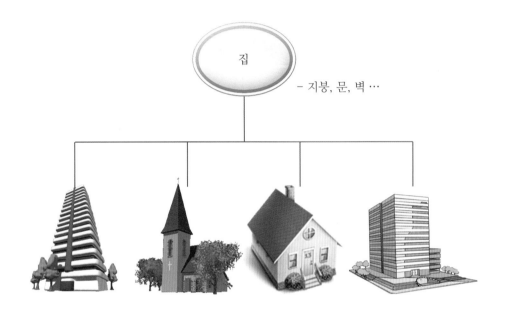

집
 – 지붕, 문, 벽 …

상속의 기본 원칙

　자식(derived class)은 부모(base class)의 모든 재산을 물려받으며, 자식은 부모로부터 물려받은 재산에 새로운 재산을 추가하여 재산을 불려나가는 식으로 상속

자식이 원하지 않더라도 부모 재산의 일부만 물려받을 수는 없습니다. 또한 자식은 부모로부터 상속받은 재산을 처분할 수 없으며, 항상 진화적인 상속을 해야 합니다.

8.3 상속 시의 친자 관계(親子關係)

〈 C++의 경우 〉

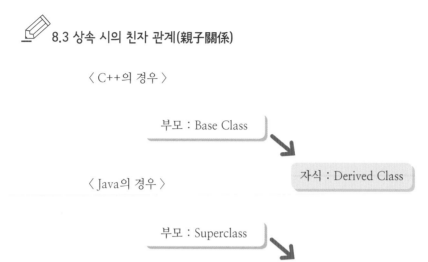

부모 : Base Class

자식 : Derived Class

〈 Java의 경우 〉

부모 : Superclass

자식 : Subclass

　　C++에서는 부모에 해당하는 클래스(class)를 기준 클래스(base class)라고 하고, 자식에 해당하는 클래스를 파생 클래스(derived class)라고 합니다. 하지만 최근에는 Java와의 일관성 유지 차원에서 부모의 경우를 수퍼 클래스(Superclass), 자식의 경우를 서브 클래스(Subclass)라고 불러도 전혀 무리가 없습니다.

〈 어떤 상속(inheritance) 〉

8.4 상속시의 포함 관계

얼핏 생각하면, 부모에 해당하는 기준 클래스(base class)가 자식에 해당하는 파생 클래스(derived class)를 포함할 것같습니다. 물론 개념적으로는 그렇습니다.

하지만 자식을 이기는 부모는 없습니다. 자식은 부모의 형질(形質)은 물론, 조상이 있다면 조상의 형질까지 전체를 있는 그대로 이어받고, 거기에다가 자신만의 특수한 형질을 더 덧붙입니다.

따라서, 부모에 해당하는 기준 클래스(base class)를 비롯한 조상들은 자식에 해당하는 파생 클래스(derived class)에 비해 일반적인 성질을 가지며, 자식들은 각각 모두 부모의 일반적인 성질을 이어받음과 아울러, 자신만의 개성 있는 성질을 추가로 가집니다. 즉, 개념적으로는 부모가 자식을 포함하지만, 실제적으로는 자식이 부모를 포함하는 형태가 됩니다.

상속 시의 포함 관계

개념적 시각: 부모가 자식을 포함
실제적 시각: 자식이 부모를 포함

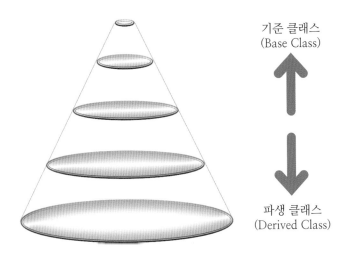

기준 클래스
(Base Class)

파생 클래스
(Derived Class)

〈 상속 시의 포함 관계 〉

상속 관계를 C++ 프로그램으로 구현해보겠습니다.

예제 8.4.1 | 상속 관계 실험

📋 쏙(SOC)

```
#include <stdio.h>
#include <iostream>
using namespace std;

class Count                    ※기준 클래스(base class) Count의 형틀
{
protected:
   int cnt;
public:
   Count(int num);             ※생성 함수 원형(prototype)
   ~Count();                   ※소멸 함수 원형(prototype)
   void setNumber(int num);
   void countNumber(void);
   void display(void);
};
```

◆Count::Count(int num)

    □객체 생성 시 카운터의 초기값을 설정한다.

        ■setNumber(num);

◆Count::~Count()

◆void Count::setNumber(int num)

    □카운터의 초기값을 설정한다.

        · cnt = num;

◆void Count::countNumber(void)

    □카운트 처리를 한다.

        · cnt = cnt+1;

◆void Count::display(void)

　　□카운트 처리한 결과값을 출력한다.

　　　　· cout << "결과=" << cnt << 'Wn';

```
class Counter : public Count  ※파생 클래스(derived class) Counter의 형틀
{
private:
  char name[40];
public:
  Counter(int num, char *irum);      ※생성 함수 원형(prototype)
  ~Counter();                        ※소멸 함수 원형(prototype)
  void setName(char *irum);
  void display(void);
};
```

◆Counter::Counter(int num, char *irum) : Count(num)

　　□객체 생성 시 이름의 초기값을 설정한다.

　　　　■setName(irum);

◆Counter::~Counter()

◆void main(void)

　　· Count a1(1);   ※기준 클래스 Count로 a1 객체 생성
　　· Count a2(2);   ※기준 클래스 Count로 a2 객체 생성
　　· Counter b1(5, "정민희");   ※파생 클래스 Counter b1객체 생성
　　· Counter b2(7, "박경화");   ※파생 클래스 Counter로 b2객체 생성
　　□정수를 카운트 처리한다.

　　　　■a1.countNumber(); ※메소드를 호출하여 부모 객체에게 메시지 전송
　　　　■a2.countNumber();
　　　　■a1.display();
　　　　■a2.display();

　　□이름출력과 정수를 카운트 처리를 한다.

　　　　■b1.countNumber(); ※메소드를 호출하여 자식 객체에게 메시지 전송
　　　　■b2.countNumber();
　　　　■b1.display();
　　　　■b2.display();

◆void Counter::setName(char *irum)

　　□이름의 초기값을 설정한다.

　　　　· strcpy_s(name, sizeof(name), irum);

```
◆void Counter::display(void)
  □이름과 카운트 처리한 값을 출력한다.
      · cout << "이름=" << name << 'Wn';
    ■Count::display();
```

📋 **프로그램**

```cpp
#include <stdio.h>
#include <iostream>
using namespace std;

class Count            //기준 클래스(base class) Count의 형틀
{
protected:
  int cnt;

public:
  Count(int num);        //생성 함수 원형(prototype)
  ~Count();              //소멸 함수 원형(prototype)
  void setNumber(int num);
  void countNumber(void);
  void display(void);
};

Count::Count(int num) {

  //.객체 생성 시 카운터의 초기값을 설정한다.
  {
    setNumber(num);
  }
}

Count::~Count() {
}

void Count::setNumber(int num) {

  //.카운터의 초기값을 설정한다.
```

```
    {
        cnt = num;
    }
}

void Count::countNumber(void) {

    //.카운트 처리를 한다.
    {
        cnt = cnt+1;
    }
}

void Count::display(void) {

    //.카운트 처리한 결과값을 출력한다.
    {
        cout << "결과=" << cnt << '\n';
    }
}


class Counter : public Count //파생 클래스(derived class) Counter의 형틀
{
private:
    char name[40];

public:
    Counter(int num, char *irum);      //생성 함수 원형(prototype)
    ~Counter();                        //소멸 함수 원형(prototype)
    void setName(char *irum);
    void display(void);
};


Counter::Counter(int num, char *irum) : Count(num) {

    //.객체 생성 시 이름의 초기값을 설정한다.
    {
        setName(irum);
    }
}
```

```cpp
Counter::~Counter() {
}

void main(void) {
    Count a1(1);                   // 기준 클래스 Count로 a1 객체 생성
    Count a2(2);                   // 기준 클래스 Count로 a2 객체 생성
    Counter b1(5, "정민희");       // 파생 클래스 Counter b1객체 생성
    Counter b2(7, "박경화");       // 파생 클래스 Counter로 b2객체 생성

    //.정수를 카운트 처리한다.
    {
        a1.countNumber();     // 메소드를 호출하여 부모 객체에게 메시지 전송
        a2.countNumber();
        a1.display();
        a2.display();
    }

    //.이름출력과 정수를 카운트 처리를 한다.
    {
        b1.countNumber();     // 메소드를 호출하여 자식 객체에게 메시지 전송
        b2.countNumber();
        b1.display();
        b2.display();
    }
}

void Counter::setName(char *irum) {

    //.이름의 초기값을 설정한다.
    {
        strcpy_s(name, sizeof(name), irum);
    }
}

void Counter::display(void) {

    //.이름과 카운트 처리한 값을 출력한다.
    {
        cout << "이름=" << name << '\n';
        Count::display();
    }
}
```

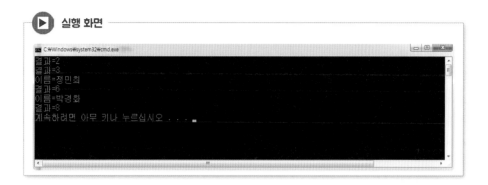

예를 들어, 부모로서의 Count클래스를 기준 클래스(base class)라고 하고, 자식으로서의 Counter클래스를 상속받는 파생 클래스(derived class)라고 할 때, 파생 클래스의 형틀 이름 (template name)을 다음과 같이 정의할 수 있습니다.

그런데 위와 같이 상속받으면, 자식은 부모의 public을 자신의 private로 하여 상속을 받는 문제가 생깁니다.

따라서 부모의 public을 자식대에서도 public으로 통할 수 있도록 하려면, 상속 시에 애당초 아래와 같이 부모의 public을 자식대에서도 public으로 하도록 지정해주어야 합니다.

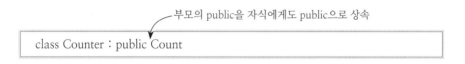

이 때, 자식인 파생 클래스가 부모인 기준 클래스보다 앞에 자리잡는 이유는 내리사랑 때문 입니다

8.5 상속시의 접근 권한

접근 권한

외부로부터 해당영역에 접근할 수 있는 권한

상속 관계(相續關係)가 성립할 때의 접근 권한(接近權限)을 정리하면 다음과 같습니다.

① 부모의 public은 외부에 대해 공개
② 자식의 public도 외부에 대해 공개
③ 부모의 public은 외부와 자식에게 모두 공개
④ 부모의 private는 외부에 대해 차폐
⑤ 자식의 private도 외부에 대해 차폐
⑥ 부모의 public을 자식에게 상속할 때,
   자식은 부모의 public을 private으로 취급
  (자식은 부모에 대해 함부로 말하지 않음)

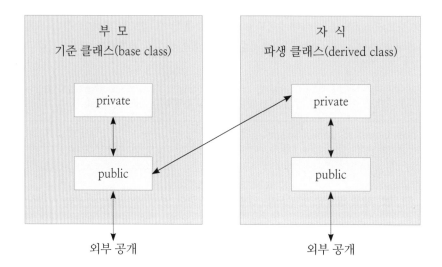

부모와 자식은 각각 외부에 대해서 공개하고 싶은 부분을 완전히 public상태로 정보 공개할 수 있습니다. 부모는 외부에 대해 공개한 부분을 자식에게만 감출 이유가 없으므로, 당연히 자식에게도 공개합니다.

자식은 부모의 공개한 부분을 상속받더라도, 외부에 대해서는 기본적으로 정보 은폐합니다. 왜냐하면 자식이 부모에 대해서 경솔하게 이러쿵저러쿵 말하지 않는 것이 미덕이기 때문입니다. 하지만 부모가 허락할 경우에는 부모가 공개한 부분을 자식도 공개합니다.

부모와 자식은 각각 외부에 대해 감추고 싶은 부분을 완전히 private 상태로 정보 은폐할 수 있습니다.

부모가 외부에 대해 은폐한 부분은 당연히 자식에게도 은폐합니다. 왜냐하면 부모에게도 자식에게조차 알리고 싶지 않은 부모만의 비밀이 있을 수 있기 때문입니다. 그러나 그렇게만 한다면, 자식이 남과 다를 것이 하나도 없어집니다. 부모가 외부에 대해서는 감추더라도, 자식에게만큼은 공개하는 부분도 당연히 있어야 합니다. 그렇게 해야 부모와 자식간의 유대를 강화할 수 있을 것입니다.

그럴 때, 부모는 protected형태로 하여 외부에 대해 감춘 내용을 자식에게는 공개합니다.

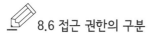

8.6 접근 권한의 구분

protected와 private의 차이는 다음과 같습니다.

① 부모의 protected는 외부에 대해서 private로 작용하며, 자식에 대해서는 public으로 작용
② 부모의 public은 외부에 대해서 public으로 작용하며, 자식에 대해서도 public으로 작용

접근 권한의 구분은 아래의 표와 같습니다.

〈 접근 권한의 구분 〉

부모클래스의 요소	자식	외부
private	접근 불가	접근 불가
protected	접근 가능	접근 불가
public	접근 가능	접근 가능

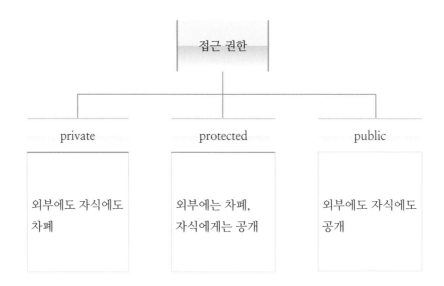

protected를 사용한 접근 권한의 실험 예를 한가지만 프로그램으로 나타내 보겠습니다.

예제 8.6.1　접근 권한 실험

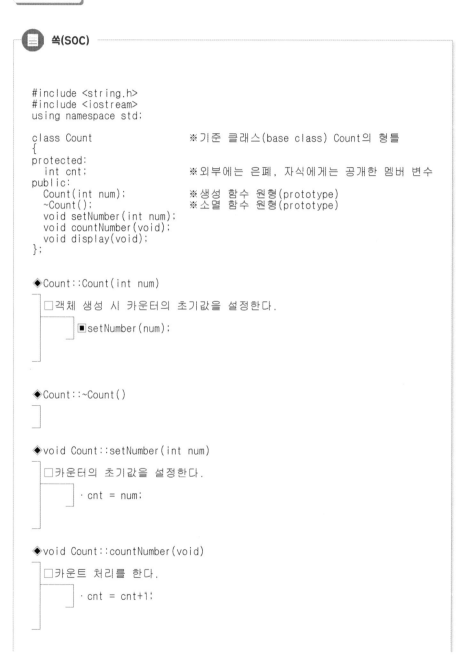

```
쏙(SOC)

#include <string.h>
#include <iostream>
using namespace std;

class Count                    ※기준 클래스(base class) Count의 형틀
{
protected:
  int cnt;                     ※외부에는 은폐, 자식에게는 공개한 멤버 변수
public:
  Count(int num);              ※생성 함수 원형(prototype)
  ~Count();                    ※소멸 함수 원형(prototype)
  void setNumber(int num);
  void countNumber(void);
  void display(void);
};

◆Count::Count(int num)
  □객체 생성 시 카운터의 초기값을 설정한다.
        ■setNumber(num);


◆Count::~Count()


◆void Count::setNumber(int num)
  □카운터의 초기값을 설정한다.
        · cnt = num;


◆void Count::countNumber(void)
  □카운트 처리를 한다.
        · cnt = cnt+1;
```

◆void Count::display(void)

　　□카운트 처리한 결과값을 출력한다.

　　　　· cout << cnt << 'Wn';

```
class Counter:public Count    ※파생 클래스(derived class) Counter의 형틀
{
private:
  char name[40];
public:
  Counter(int num, char *irum);    ※생성 함수 원형(prototype)
  ~Counter();                      ※소멸 함수 원형(prototype)
  void setName(char *irum);
  ※부모의 자식에게만 공개한 멤버 변수 cnt에 접근
  void multiplyNumber(void);
  void display(void);
};
```

◆Counter::Counter(int num, char *irum) : Count(num)

　　□객체 생성 시 이름의 초기값을 설정한다.

　　　　■setName(irum);
　　　　■setNumber(num);

◆Counter::~Counter()

◆void main(void)

　　· Count a1(1);   ※기준 클래스 Count로 a1 객체 생성
　　· Count a2(2);   ※기준 클래스 Count로 a2 객체 생성
　　· Counter b1(5, "이은정");   ※파생 클래스 Counter로 b1객체 생성
　　· Counter b2(7, "유나리");   ※파생 클래스 Counter로 b2객체 생성
　　□정수를 카운트 처리한다.

　　　　※메소드를 호출하여 부모 객체에게 메시지 전송
　　　　■a1.countNumber();
　　　　■a2.countNumber();
　　　　■a1.display();
　　　　■a2.display();

　　□이름 출력과 정수를 카운트 후 2를 곱하는 처리를 한다.

　　　　※메소드를 호출하여 자식 객체에게 메시지 전송
　　　　■b1.countNumber();
　　　　■b2.countNumber();
　　　　■b1.multiplyNumber();
　　　　■b2.multiplyNumber();
　　　　■b1.display();
　　　　■b2.display();

◆void Counter::setName(char *irum)

☐이름의 초기값을 설정한다.

· strcpy_s(name, sizeof(name), irum);

◆void Counter::multiplyNumber(void)

☐카운트 값에 2를 곱한다.

· cnt = cnt*2;   ※자식에게만 공개한 멤버 변수 cnt 이용

◆void Counter::display(void)

☐이름과 cnt 값을 출력한다.

· cout << "이름=" << name << '\n';
· cout << "결과=" << cnt << '\n';

📋 **프로그램**

```
#include <string.h>
#include <iostream>
using namespace std;

class Count                   //기준 클래스(base class) Count의 형틀
{
protected:
    int cnt;                  //외부에는 은폐, 자식에게는 공개한 멤버 변수

public:
    Count(int num);           //생성 함수 원형(prototype)
    ~Count();                 //소멸 함수 원형(prototype)
    void setNumber(int num);
    void countNumber(void);
    void display(void);
};


Count::Count(int num) {

    //.객체 생성 시 카운터의 초기값을 설정한다.
    {
```

```
      setNumber(num);
  }
}

Count::~Count() {
}

void Count::setNumber(int num) {

  //.카운터의 초기값을 설정한다.
  {
    cnt = num;
  }
}

void Count::countNumber(void) {

  //.카운트 처리를 한다.
  {
    cnt = cnt+1;
  }
}

void Count::display(void) {

  //.카운트 처리한 결과값을 출력한다.
  {
    cout << cnt << '₩n';
  }
}

class Counter:public Count   //파생 클래스(derived class) Counter의 형틀
{
private:
  char name[40];
public:
  Counter(int num, char *irum);     //생성 함수 원형(prototype)
  ~Counter();                   //소멸 함수 원형(prototype)
  void setName(char *irum);
  //부모의 자식에게만 공개한 멤버 변수 cnt에 접근
  void multiplyNumber(void);
  void display(void);
};
```

```
Counter∷Counter(int num, char *irum) ∶ Count(num) {

    //.객체 생성 시 이름의 초기값을 설정한다.
    {
        setName(irum);
        setNumber(num);
    }
}

Counter∷~Counter() {
}

void main(void) {
    Count a1(1);              // 기준 클래스 Count로 a1 객체 생성
    Count a2(2);              // 기준 클래스 Count로 a2 객체 생성
    Counter b1(5, "이은정");    // 파생 클래스 Counter로 b1객체 생성
    Counter b2(7, "유나리");    // 파생 클래스 Counter로 b2객체 생성

    //.정수를 카운트 처리한다.
    {
        // 메소드를 호출하여 부모 객체에게 메시지 전송
        a1.countNumber();
        a2.countNumber();
        a1.display();
        a2.display();
    }

    //.이름 출력과 정수를 카운트 후 2를 곱하는 처리를 한다.
    {
        // 메소드를 호출하여 자식 객체에게 메시지 전송
        b1.countNumber();
        b2.countNumber();
        b1.multiplyNumber();
        b2.multiplyNumber();
        b1.display();
        b2.display();
    }
}

void Counter∷setName(char *irum) {

    //.이름의 초기값을 설정한다.
    {
        strcpy_s(name, sizeof(name), irum);
```

```
    }
}

void Counter::multiplyNumber(void) {

    //.카운트 값에 2를 곱한다.
    {
        cnt = cnt*2;        // 자식에게만 공개한 멤버 변수 cnt 이용
    }
}

void Counter::display(void) {

    //.이름과 cnt 값을 출력한다.
    {
        cout << "이름=" << name << '\n';
        cout << "결과=" << cnt << '\n';
    }
}
```

▶ **실행 화면**

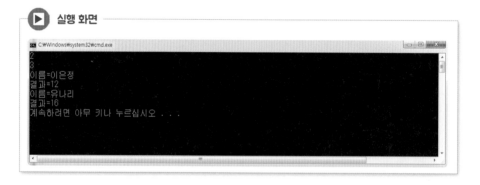

앞에서 다룬 C++ 프로그램 내용 중에서, 「protected:」 영역 속의 멤버 변수인 cnt는 부모에 해당하는 기준 클래스인 Count의 외부에 대해서는 은폐하고 자식에 대해서는 공개합니다. 이 cnt변수에 자식에 해당하는 파생 클래스인 Counter로부터 접근하는 경로에 대해서 약간의 보충 설명을 덧붙이겠습니다.

하나는, 파생 클래스인 Counter의 생성 함수(constructor) Counter에서 Count의 외부와의 상호작용을 위해 정보 공개한 「public:」 영역 속에 있는 setNumber함수를 통하여 cnt에 간접적으로 접근하는 방법입니다.

조금 다른 각도에서 설명하자면, Count를 동사무소라고 할 때, setNumber함수를 통하여 cnt에 접근하는 방법은 setNumber함수라는 동사무소 직원을 통해서 동사무소의 주민 등록 대장 저장소인 cnt에 접근하는 것과 같은 방법입니다. 하지만, 이것은 외부에서 접근하는 방법과 다를 바가 없습니다.

또 하나는, Counter의 multiplyNumber 함수에서 cnt에 직접 접근하는 방법입니다.

이것은 외부와는 별도로 부모와 자식간에만 직접 끈끈한 정을 확인할 수 있는 방법입니다.

연습문제

01 기준 클래스(base class)와 파생 클래스(derived class)간의 관계를 실제 C++ 프로그래밍을 통해서 사례를 들어 구현한 후, 해당 소스 코드의 적정성에 대해 토론해 보세요.

02 상속이 일어날 때 부모와 자식 클래스의 필요 영역에 접근하는 방법을 private와 public의 양면적인 시각에서 검토하고, 실제 C++ 프로그래밍 사례를 들어 적정성에 대해 토론해 보세요.

03 부모 클래스와 자식 클래스간의 상속 관계에서 protected라는 개념이 쓰일 때 어떠한 기준으로 접근 권한의 통제 관리에 적용해야 하는지, 실제의 C++ 프로그램 사례를 들어 작성한 결과에 대해 토론해 보세요.

04 클래스 내부에서 멤버 변수를 접근 통제하는 방법과 메소드를 접근 통제하는 방법의 사례를 조사한 후, 방법에 따른 장단점에 대해 토론해 보세요.

05 객체지향 프로그래밍에서 멤버 변수에 대한 정보 은폐를 실시하고 Public Interface를 통해서만 정보 은폐한 멤버 변수에 접근할 수 있도록 하는 사례를 C++ 프로그래밍으로 구현하고, 의의에 대해 토론해 보세요.

제 9 장

객체지향 응용

9.1 다중 상속(multiple inheritance)

> **다중 상속(multiple inheritance)**
>
> 대상 사물이, 2개 이상의 다른 사물의 속성과 조작을 승계받는 성질

상속(相續, inheritance)은 크게 단일 상속(單一相續, single inheritance)과 다중 상속(多重相續, multiple inheritance)의 두 가지로 나뉩니다.

〈 실시의 구분 〉

구 분	특 성
단일 상속	하나의 기준 클래스(base class)로부터 파생 클래스 (derived class)로 상속을 행하는 것
다중 상속	둘 이상의 기준 클래스(base class)로부터 파생 클래스 (derived class)로 상속을 행하는 것

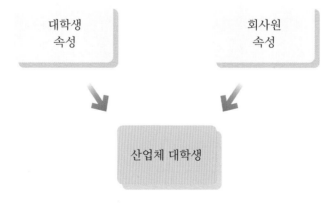

〈 다중 상속(multiple inheritance)의 예 〉

다중 상속의 예를 하나 들어보겠습니다.

예제 9.1.1 │ 다중 상속

📄 쏙(SOC)

```
#include <string.h>
#include <iostream>
using namespace std;

class Daehakseng              ※제 1 기준 클래스 daehakseng의 형틀
{
private:
  char daehak_irum[20];
  char hakkwa_irum[20];
  char hakseng_bun[10];
public:
  Daehakseng(char *, char *, char *);
  void show_hakseng(void);
};
```

◆Daehakseng::Daehakseng(char *hakkyo, char *hakkwa, char *hakbun)

　□대학생 정보의 초기값을 설정한다.

　　　· strcpy_s(daehak_irum, 20, hakkyo);
　　　· strcpy_s(hakkwa_irum, 20, hakkwa);
　　　· strcpy_s(hakseng_bun, 10, hakbun);

◆void Daehakseng::show_hakseng(void)

　□대학생 정보를 출력한다.

　　　· cout << "Wn대학 이름=" << daehak_irum;
　　　· cout << "Wn학과 이름=" << hakkwa_irum;
　　　· cout << "Wn학생 번호=" << hakseng_bun;


```
class Hwesawon                ※제 2 기준 클래스 hwesawon의 형틀
{
private:
  char hwesa_irum[20];
  char boosu_irum[20];
  char sawon_bun[10];
  long sawon_bosu;
public:
  Hwesawon(char *, char *, char *, long);
  void show_hwesa(void);
};
```

◆Hwesawon::Hwesawon(char *hwesa, char *boosu, char *sabun, long bosu)

  □회사원 정보의 초기값을 설정한다.

      · strcpy_s(hwesa_irum, 20, hwesa);
      · strcpy_s(boosu_irum, 20, boosu);
      · strcpy_s(sawon_bun, 10, sabun);
      · sawon_bosu = bosu;

◆void Hwesawon::show_hwesa(void)

  □회사원 정보를 출력한다.

      · cout << "₩n회사 이름=" << hwesa_irum;
      · cout << "₩n부서 이름=" << boosu_irum;
      · cout << "₩n사원 번호=" << sawon_bun;
      · cout << "₩n사원 보수=" << sawon_bosu << '₩n';

```
※다중 상속 받은 파생 클래스 SanupHakseng
class SanupHakseng : public Daehakseng, public Hwesawon
{
private:
  char hakseng_irum[20];
  int hakseng_nai;
public:
  SanupHakseng(char *, int, char *, char *, char *, char *, char *,
               char *, long);
  void show_sanup(void);
};
```

◆void main(void)

  ※다중 상속 받은 파생 클래스 SanupHakseng으로 gaein 객체 생성
  · SanupHakseng gaein("남미영", 30, "한국대학", "전산학과", "EDP970003",
  ·   "SoftQT", "연구팀", "H950295", 3000000);
  □산업 학생 정보를 출력처리 한다.

      ■gaein.show_sanup();

◆SanupHakseng::SanupHakseng(char *irum, int nai, char *hakkyo,
char *hakkwa, char *hakbun, char *hwesa, char *boosu,
char *sabun,long bosu) : Daehakseng(hakkyo, hakkwa, hakbun),
Hwesawon(hwesa, boosu, sabun, bosu)

  □산업 학생 정보의 초기값을 설정한다.

      · strcpy_s(hakseng_irum, 20, irum);
      · hakseng_nai = nai;

◆void SanupHakseng::show_sanup(void)

　□산업 학생 정보를 출력한다.

　　· cout << "₩n산업 학생 이름=" << hakseng_irum;
　　· cout << "₩n산업 학생 나이=" << hakseng_nai;
　　■show_hakseng();
　　■show_hwesa();

프로그램

```cpp
#include <string.h>
#include <iostream>
using namespace std;

class Daehakseng          //제 1 기준 클래스 daehakseng의 형틀
{
private:
  char daehak_irum[20];
  char hakkwa_irum[20];
  char hakseng_bun[10];

public:
  Daehakseng(char *, char *, char *);
  void show_hakseng(void);
};

Daehakseng::Daehakseng(char *hakkyo, char *hakkwa, char *hakbun) {

  //.대학생 정보의 초기값을 설정한다.
  {
    strcpy_s(daehak_irum, 20, hakkyo);
    strcpy_s(hakkwa_irum, 20, hakkwa);
    strcpy_s(hakseng_bun, 10, hakbun);
  }
}

void Daehakseng::show_hakseng(void) {

  //.대학생 정보를 출력한다.
  {
    cout << "\n대학 이름=" << daehak_irum;
```

```
    cout << "\n학과 이름=" << hakkwa_irum;
    cout << "\n학생 번호=" << hakseng_bun;
  }
}

class Hwesawon          //제 2 기준 클래스 hwesawon의 형틀
{
private:
  char hwesa_irum[20];
  char boosu_irum[20];
  char sawon_bun[10];
  long sawon_bosu;

public:
  Hwesawon(char *, char *, char *, long);
  void show_hwesa(void);
};

Hwesawon::Hwesawon(char *hwesa, char *boosu, char *sabun, long bosu) {

  //.회사원 정보의 초기값을 설정한다.
  {
    strcpy_s(hwesa_irum, 20, hwesa);
    strcpy_s(boosu_irum, 20, boosu);
    strcpy_s(sawon_bun, 10, sabun);
    sawon_bosu = bosu;
  }
}

void Hwesawon::show_hwesa(void) {

  //.회사원 정보를 출력한다.
  {
    cout << "\n회사 이름=" << hwesa_irum;
    cout << "\n부서 이름=" << boosu_irum;
    cout << "\n사원 번호=" << sawon_bun;
    cout << "\n사원 보수=" << sawon_bosu << '\n';
  }
}

//다중 상속 받은 파생 클래스 SanupHakseng
class SanupHakseng : public Daehakseng, public Hwesawon
{
private:
```

```
    char hakseng_irum[20];
    int hakseng_nai;

public:
    SanupHakseng(char *, int, char *, char *, char *, char *, char *,
            char *, long);
    void show_sanup(void);
};

void main(void) {
    // 다중 상속 받은 파생 클래스 SanupHakseng으로 gaein 객체 생성
    SanupHakseng gaein("남미영", 30, "한국대학", "전산학과",
                "EDP970003", "SoftQT", "연구팀", "H950295", 3000000);

    //.산업 학생 정보를 출력처리 한다.
    {
        gaein.show_sanup();
    }
}

SanupHakseng::SanupHakseng(char *irum, int nai, char *hakkyo,
  char *hakkwa, char *hakbun, char *hwesa, char *boosu, char *sabun,
  long bosu) : Daehakseng(hakkyo, hakkwa, hakbun), Hwesawon(hwesa,
  boosu, sabun, bosu)

    //.산업 학생 정보의 초기값을 설정한다.
    {
        strcpy_s(hakseng_irum, 20, irum);
        hakseng_nai = nai;
    }

void SanupHakseng::show_sanup(void) {

    //.산업 학생 정보를 출력한다.
    {
        cout << "₩n산업 학생 이름=" << hakseng_irum;
        cout << "₩n산업 학생 나이=" << hakseng_nai;
        show_hakseng();
        show_hwesa();
    }
}
```

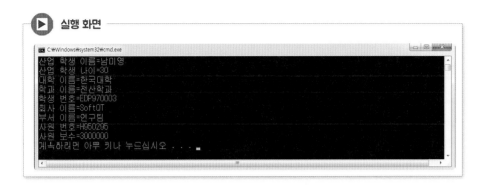

실행 화면

앞의 다중 상속(multiple inheritance)의 예제 프로그램에서 다중 상속을 받는 파생 클래스(derived class)의 형틀 이름을 짓는 방법을 설명하겠습니다.

제 1 기준 클래스인 Daehakseng과 제 2 기준 클래스인 Hwesawon의 속성을 다중 상속받는 파생 클래스(derived class)인 SanupHakseng은 다음과 같이 표현할 수 있습니다.

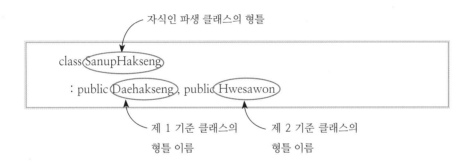

위의 표현 예에서 파생 클래스와 기준 클래스와의 사이에는 쌍점(:)으로 상속 관계에 있다는 것을 나타내며, 제 1 기준 클래스와 제 2 기준 클래스 사이에는 쉼표(,)를 찍어서 다중 상속이 이루어진다는 것을 나타냅니다.

부모에 해당하는 기준 클래스가 셋 이상이 된다면 각 기준 클래스는 모두 쉼표(,)로 구분해주면 됩니다.

다중 상속을 행할 때, 자식에 해당하는 파생 클래스(derived class)는 부모에 해당하는 기준 클래스(base class)를 둘 이상 가지며, 자식과 부모와의 사이에는 각각 「이다 관계」가 성립합니다.

다중 상속 시의 포함 관계

부모인 기준 클래스(base class)와 자식인 파생 클래스(derived class) 간에는 개념적인 포함 관계(is-a관계)가 성립

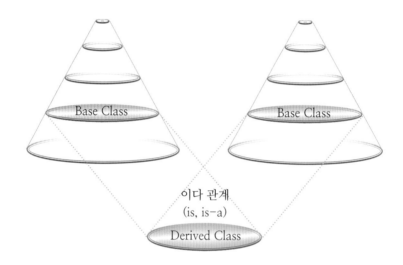

다중 상속을 응용하면 복수 자원의 정보의 혼합이 가능하며, 기존 사물 속성의 재사용(reuse)이 용이해집니다. 하지만, 순수한 객체지향의 관점에서 본다면 다중 상속(多重相續, multiple inheritance)을 적극적으로 채택할 경우에, 유지보수성(maintainability)은 오히려 저하할 가능성도 있다고 볼 수 있습니다.

왜냐하면, 부모를 많이 가진 자식은 어느 부모를 섬겨야 할지, 고민이 많아지기 때문입니다. 생각해 볼 때, 가급적 자식에게는 부모가 하나인 편이 바람직합니다.

9.2 다형성(polymorphism)

자동차의 종류에 따라서 운전법이 약간씩 달라진다는 차이만으로, 차의 운전을 지시하는 용어의 역할을 하는 메시지가 달라진다면 어떻게 될까요?

덤프 트럭을 운전하라는 명령을 담은 메시지는 "drive_dumptruck", 버스의 경우는 "drive_bus", 포크리프트(forklift)의 경우는 "drive_forklift"와 같은 식으로 이름을 지어주어야 한다면, 상당히 복잡해질 것입니다. 그러한 문제점을 해결하기 위해서 객체지향에서는 자동차 운전을 위한 명령을 객체의 종류에 관계없이, "drive()"와 같이 단 하나의 명령으로 단순화해 줄 수 있습니다.

이러한 개념을 다형성(polymorphism)이라고 합니다.

> **다형성(polymorphism)**
>
> 약간 다른 방법으로 일을 하는 메소드를 동일한 이름으로 호출해 주는 것

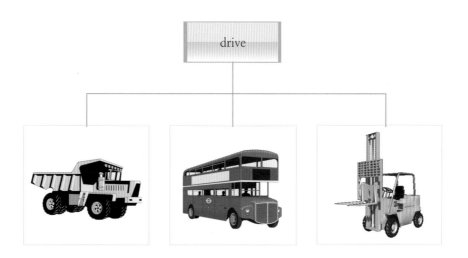

〈 다형성(polymorphism) 〉

예제 9.2.1 다형성 1

쏙(SOC)

```cpp
#include <iostream>
using namespace std;
```

◆void display(char munja)

　□문자형 변수를 출력한다.

　　　· cout << munja << '₩n';

◆void display(int num)

　□정수형 변수를 출력한다.

　　　· cout << num << '₩n';

◆void display(float num)

　□실수형 변수를 출력한다.

　　　· cout << num << '₩n';

◆void display(char *sentence)

　□문자형 배열 변수를 출력한다.

　　　· cout << sentence << '₩n';

◆void main(void)

　· char munja1 = 'A';
　· int num1 = 30;
　· float num2 = 105.235;
　· char sentence1[20] = "대한민국";
　□다양한 형식의 변수를 출력한다.

　　　■display(munja1);
　　　■display(num1);
　　　■display(num2);
　　　■display(sentence1);

📋 프로그램

```cpp
#include <iostream>
using namespace std;

void display(char munja) {

    // 문자형 변수를 출력한다.
    {
        cout << munja << '\n';
    }
}

void display(int num) {

    //.정수형 변수를 출력한다.
    {
        cout << num << '\n';
    }
}

void display(float num) {

    //.실수형 변수를 출력한다.
    {
        cout << num << '\n';
    }
}

void display(char *sentence) {

    //.문자형 배열 변수를 출력한다.
    {
        cout << sentence << '\n';
    }
}

void main(void) {
    char munja1 = 'A';
    int num1 - 30;
    float num2 = 105.235;
    char sentence1[20] = "대한민국";

    //.다양한 형식의 변수를 출력한다.
```

```
   {
       display(munja1);
       display(num1);
       display(num2);
       display(sentence1);
   }
}
```

처리하는 인수만 약간 다른 함수를 동일한
이름으로 정의하여 인수만 다르게 지정하
여 호출할 수 있게 하여, 다형성을 구현하
고 있음

▶ 실행 화면

```
C:\Windows\system32\cmd.exe
A
30
105.235
대한민국
계속하려면 아무 키나 누르십시오 . . .
```

예제 9.2.2   다형성 2

📄 쏙(SOC)

```
#include <iostream>
using namespace std;

◆ int multiply(int a, int b)

    · int result;
    □입력받은 2개의 정수를 곱하여 되돌린다.

        · result = a * b;
        · return(result);


◆ int multiply(int a)

    · int result;
    □입력받은 1개의 정수를 누승하여 되돌린다.

        · result = a * a;
        · return(result);
```

◆void display(int num)

☐정수값을 출력한다.

· cout << num << '₩n';

◆void main(void)

· int result;

☐입력받은 2개의 정수를 곱셈 처리한다.

■result = multiply(10, 20);
■display(result);

☐입력받은 1개의 정수를 누승 처리한다.

■result = multiply(10);
■display(result);

프로그램

```
#include <iostream>
using namespace std;

int multiply(int a, int b) {
  int result;

  //.입력받은 2개의 정수를 곱하여 되돌린다.
  {
    result = a * b;
    return(result);
  }
}

int multiply(int a) {
  int result;

  //.입력받은 1개의 정수를 누승하여 되돌린다.
  {
    result = a * a;
    return(result);
  }
}
```

```
void display(int num) {

  //.정수값을 출력한다.
  {
    cout << num << 'Wn';
  }
}

void main(void) {
  int result;

  //.입력받은 2개의 정수를 곱셈 처리한다.
  {
    result = multiply(10, 20);
    display(result);
  }

  //.입력받은 1개의 정수를 누승 처리한다.
  {
    result = multiply(10);
    display(result);
  }
}
```

인수에 따라, 다른 처리를
행하는 함수를 호출

▶ 실행 화면

다형성 예 (1)과 예 (2)는 절차지향적인 다형성 실험을 C++언어를 이용하여 시도한 것입니다. 다형성 예 (1)에는 문자형, 정수형, 실수형, 문자열형의 자료를 각각 입력받아서 화면에 출력하는 동일한 이름을 가진 별도의 display함수를 마련하고 있습니다.

　이것들은 메인 함수(main function)에서 display함수를 호출하면서, 넘겨주는 인수(argument)의 형에 따라 인수형에 맞는 함수를 자동적으로 호출할 수 있도록 하는 방식으로 다형성(polymorphism)을 지원합니다.

　다형성 예 (2)에는 정수의 곱셈을 시도함에 있어서 넘겨받는 인수(argument)의 개수가 다른 동일한 이름을 가진 별도의 multiply함수를 마련하고 있습니다.

　이것들은 메인 함수(main function)에서 multiply함수를 호출하면서, 넘겨주는 인수(argument)의 개수에 따라 인수의 개수에 맞는 함수를 자동적으로 선정히여 호출할 수 있도록 하는 방식으로 다형성을 지원합니다.

　다형성(polymorphism)을 구현할 시에 주의할 점은, C++에서는 강력한 형 점검(type checking) 기능이 있기 때문에, 자료형을 지정해 줄 때 두 가지 뜻으로 해석될 가능성이 있는 모호성(ambiguous)이 생길 수 있다는 점을 사전에 인지하고 지정에 유의해야 한다는 점입니다.

"이것도 다형성을 적용하여 만들 수 있겠지요?"

〈 어떤 다형성(polymorphism) 〉

예제 9.2.3 │ 다형성 3

쏙(SOC)

```
#include <iostream>
using namespace std;

class Math
{
private:
  int result;
public:
  int multiply(int a, int b);    ※정수 2개를 곱셈
  int multiply(int a);           ※정수 1개를 누승
  void display(int num);
};
```

◆int Math::multiply(int a, int b)

```
· int result;
□입력받은 2개의 정수를 곱하여 되돌린다.

        · result = a * b;
        · return(result);
```

◆int Math::multiply(int a)

```
· int result;
□입력받은 1개의 정수를 누승하여 되돌린다.

        · result = a * a;
        · return(result);
```

◆void Math::display(int num)

```
□정수값을 출력한다.

        · cout << num << 'Wn';
```

◆void main(void)

```
· int result;
· Math kobsem;
□입력받은 2개의 정수를 곱셈 처리한다.

        ■result = kobsem.multiply(10, 20);
        ■kobsem.display(result);

□입력받은 1개의 정수를 누승 처리한다.

        ■result = kobsem.multiply(10);
        ■kobsem.display(result);
```

```
#include <iostream>
using namespace std;

class Math
{
private:
    int result;

public:
    int multiply(int a, int b);    //정수 2개를 곱셈
    int multiply(int a);           //정수 1개를 누승
    void display(int num);
};
```
└─ 다형성을 구현한 메소드

```
int Math::multiply(int a, int b) {
    int result;

    //.입력받은 2개의 정수를 곱하여 되돌린다.
    {
        result = a * b;
        return(result);
    }
}

int Math::multiply(int a) {
    int result;

    //.입력받은 1개의 정수를 누승하여 되돌린다.
    {
        result = a * a;
        return(result);
    }
}

void Math::display(int num) {

    //.정수값을 출력한다.
    {
        cout << num << '\n';
    }
}
```

```
void main(void) {
  int result;
  Math kobsem;

  //.입력받은 2개의 정수를 곱셈 처리한다.
  {
    result = kobsem.multiply(10, 20);
    kobsem.display(result);
  }

  //.입력받은 1개의 정수를 누승 처리한다.
  {
    result = kobsem.multiply(10);
    kobsem.display(result);
  }
}
```

곱셈을 위한 메시지 (message)도 multiply라는 똑같은 이름의 메소드를 인수만 다르게 지정하여 사용해 주는 방법으로 다형성을 구현

▶ 실행 화면

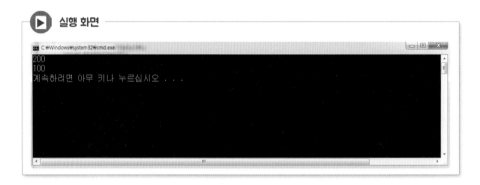

다형성 예 (3)은 객체지향적인 다형성 실험을 C++언어를 이용하여 시도한 것입니다.

우선 수학 계산을 하는 Math라는 클래스(class)내에 메소드(멤버 함수)로서 두 개의 정수를 입력받아 곱셈 연산을 행하는 multiply함수와 한 개의 정수를 입력받아 곱셈 연산을 행하는 또 하나의 동일한 이름을 가진 multiply함수를 정의해둡니다.

그런 뒤, 메인 메소드(main method)에서 곱셈을 위한 메시지(message)를 아래와 같이 multiply라는 똑같은 이름의 메소드를 인수의 개수만 다르게 지정하여 보내줍니다.

```
result = kobsem.multiply(10, 20);
```

```
result = kobsem.multiply(10);
```

그러면 C++ 내부에서 다형성(polymorphism)을 적용하여, 인수의 개수에 따라 Math형 객체인 kobsem내의 적절한 메소드를 선택하여 호출하며, 처리한 결과가 응답 사항으로 result에 담겨져 되돌려집니다.

이처럼 다형성은 함수 이름의 단순화를 지원합니다.

9.3 가상 함수(virtual function)

가상 함수(virtual function)

기준 클래스(base class)와 파생 클래스(derived class)가 동일한 이름의 메소드
(멤버 함수)를 가지고 있을 때, 기준 클래스의 메소드를 가상으로 선언하여, 필요
에 따라 기준 클래스의 메소드와 파생 클래스의 메소드를 선택적으로 호출할 수
있도록 해주는 것

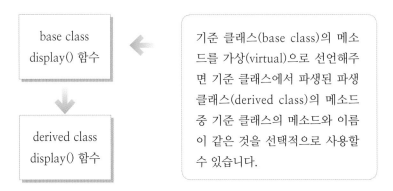

base class
display() 함수

derived class
display() 함수

기준 클래스(base class)의 메소
드를 가상(virtual)으로 선언해주
면 기준 클래스에서 파생된 파생
클래스(derived class)의 메소드
중 기준 클래스의 메소드와 이름
이 같은 것을 선택적으로 사용할
수 있습니다.

가상 함수는 반드시 메소드여야 하며, 부모 클래스(base class)에서만 선언할 수 있습니다.

또한, 가상 함수(假想函數, virtual function)와 선택적으로 사용하는 함수는 어느 클래스
(class)에서도 동일한 이름과 동일한 형(type)이어야 합니다.

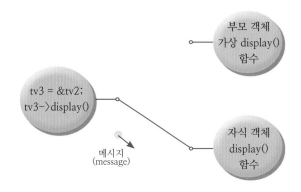

부모 객체
가상 display()
함수

tv3 = &tv2;
tv3->display()

메시지
(message)

자식 객체
display()
함수

〈 가상 함수 개념은 일종의 선택하기 방법 〉

가상 함수의 예를 하나만 들어보겠습니다.

예제 9.3.1　가상 함수

쏙(SOC)

```
#include <string.h>
#include <iostream>
using namespace std;

class Television              ※기준 클래스(base class) Television
{
private:
  char name[20];
  long price;
public:
  Television(char *tvname, long tvprice);
  virtual void display(void);      ※가상 함수
};
```

◆Television::Television(char *tvname="", long tvprice=0)

　　□TV이름과 가격의 초기값을 설정한다.

　　　　· strcpy_s(name, 20, tvname);
　　　　· price = tvprice;

◆void Television::display(void)

　　□TV이름과 가격을 출력한다.

　　　　· cout << "TV이름=" << name << '\n';
　　　　· cout << "TV가격=" << price << '\n';

```
class Tvset:public Television     ※파생 클래스(derived class) Tvset
{
private:
  char model[20];
public:
  Tvset(char *tvname, long tvprice, char *tvmodel);
  void display(void);                ※가상 함수와 동일한 메소드
};
```

◆void main(void)

　　※기준 클래스 Television으로 tv1 객체 샌선
　　· Television tv1("칼라TV ", 230000);
　　※파생 클래스 Tvset으로 tv2 객체 생성
　　· Tvset tv2("벽걸이TV ", 2000000, "TT-203");
　　※기준 클래스형 포인터 변수 정의
　　· Television *tv3;
　　ⓞ

ⓞ

　□TV이름, 가격을 출력처리한다..

　　　· tv3 = &tv1;　　　　　※ 부모 객체의 시작 번지를 대입
　　　■tv3->display();　　　　※ 부모 객체의 메소드 호출

　□TV이름, 가격, 모델명을 출력처리한다.

　　　· tv3 = &tv2;　　　　　※ 자식 객체의 시작 번지를 대입
　　　■tv3->display();　　　　※ 자식 객체의 메소드 호출

◆Tvset::Tvset(char *tvname="", long tvprice=0, char *tvmodel="") :
　Television(tvname, tvprice)

　□TV모델명의 초기값을 설정한다.

　　　· strcpy_s(model, 20, tvmodel);

◆void Tvset::display(void)

　□TV이름, 가격, 모델명을 출력한다.

　　　■Television::display();
　　　· cout << "TV모델=" << model << 'Wn';

📋 프로그램

```cpp
#include <string.h>
#include <iostream>
using namespace std;

class Television          //기준 클래스(base class) Television
{
private:
  char name[20];
  long price;

public:
  Television(char *tvname, long tvprice);
  virtual void display(void);           //가상 함수
};

Television::Television(char *tvname="", long tvprice=0) {

  //.TV이름과 가격의 초기값을 설정한다.
```

```cpp
    {
        strcpy_s(name, 20, tvname);
        price = tvprice;
    }
}

void Television∷display(void) {

    //.TV이름과 가격을 출력한다.
    {
        cout << "TV이름=" << name << '\n';
        cout << "TV가격=" << price << '\n';
    }
}

class Tvset∶public Television      //파생 클래스(derived class) Tvset
{
private∶
    char model[20];

public∶
    Tvset(char *tvname, long tvprice, char *tvmodel);
    void display(void);           //가상 함수와 동일한 메소드
};


void main(void) {
    // 기준 클래스 Television으로 tv1 객체 생성
    Television tv1("칼라TV ", 230000);
    // 파생 클래스 Tvset으로 tv2 객체 생성
    Tvset tv2("벽걸이TV ", 2000000, "TT-203");
    // 기준 클래스형 포인터 변수 정의
    Television *tv3;

    //.TV이름, 가격을 출력처리한다..
    {
        tv3 = &tv1;        // 부모 객체의 시작 번지를 대입
        tv3->display();        // 부모 객체의 메소드 호출
    }

    //.TV이름, 가격, 모델명을 출력처리한다.
    {
        tv3 = &tv2;        // 자식 객체의 시작 번지를 대입
        tv3->display();        // 자식 객체의 메소드 호출
```

```
    }
}

Tvset::Tvset(char *tvname="", long tvprice=0, char *tvmodel="") :
  Television(tvname, tvprice)  {

  //.TV모델명의 초기값을 설정한다.
  {
     strcpy_s(model, 20, tvmodel);
  }
}

void Tvset::display(void) {

  //.TV이름, 가격, 모델명을 출력한다.
  {
     Television::display();
     cout << "TV모델=" << model << 'Wn';
  }
}
```

▶ 실행 화면

앞의 가상 함수 예 C++ 프로그램을 가지고, 가상 함수를 정의하고 사용하는 과정을 설명하겠습니다.

부모에 해당하는 기준 클래스(base class) Television과 자식에 해당하는 파생 클래스(derived class) Tvset에 각각 display라는 동일한 이름의 메소드가 있을 때, 기준 클래스인 Television에 있는 메소드 display를 가상으로 선언해 주면 다음과 같습니다.

```
virtual void display(void);
```

　그런 다음에 메인 메소드(main method)에서 객체를 생성해 줄 때, Television 클래스형 (class type)의 객체로서 포인터형(pointer type)의 tv3를 선언해 주면, tv3에는 번지값(address value)을 담을 수 있습니다.

　그런 상태에서 &tv1을 이용하여 부모 객체의 tv1의 시작 번지를 tv3에다 대응시켜준 뒤, tv3->display(); 와 같이 메시지(message)를 보내면, 부모 객체의 메소드를 호출할 수 있으며, &tv2를 이용하여 자식 객체의 tv2의 시작 번지를 tv3에다 대응시켜준 뒤, tv3->display(); 와 같이 메시지를 보내면 자식 객체의 메소드를 호출할 수 있습니다. 가상 함수는 마치 서당의 선후배 훈장님이 서로 일을 분담하는 것처럼 잘 사용하면 상당히 편리합니다.

9.4 가상 기준 클래스(virtual base class)

> **가상 함수(virtual function)**
>
> 기준 클래스(base class)와 파생 클래스(derived class)가 동일한 이름의 메소드(멤버 함수)를 가지고 있을 때, 기준 클래스의 메소드를 가상으로 선언하여, 필요에 따라 기준 클래스의 메소드와 파생 클래스의 메소드를 선택적으로 호출할 수 있도록 해주는 것

예를 들어, 어떠한 특정한 형과 이름을 가진 컴퓨터(computer)의 제조사와 판매사가 있다고 할 때, 이들 제조사와 판매사는 컴퓨터의 속성을 단일 상속 받습니다.

이 컴퓨터의 구입자는 제조사의 제품을 판매사로부터 구입하므로, 두 회사의 속성을 다중 상속 받습니다.

이때 컴퓨터 구입자 입장에서, 제조사와 판매사의 속성에 컴퓨터의 형과 이름이 중복되는 것을 방지하기 위해, 기준 클래스인 컴퓨터를 제조사와 판매사에서 상속받을 때 기준 클래스를 가상으로 상속해 주면, 중복되는 부분을 생략하는 형태로 속성을 상속받을 수 있습니다.

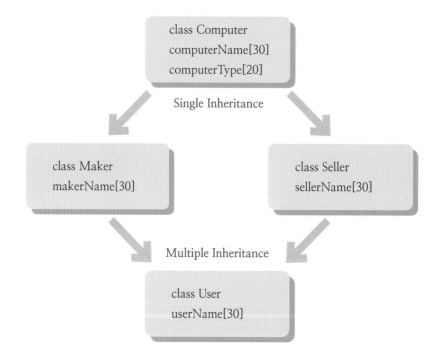

예제 9.4.1　가상 기준 클래스

 쑥(SOC)

```
#include <string.h>
#include <iostream>
using namespace std;

class Computer                     ※조부모에 해당하는 기준 클래스
{
protected:
  char computerName[30];
  char computerType[30];
public:
  Computer(char *cname, char *ctype);
  void display(void);
};
```

◆Computer::Computer(char *cname="", char *ctype="")

　　☐컴퓨터 정보의 초기값을 설정한다.

　　　　　· strcpy_s(computerName, 30, cname);
　　　　　· strcpy_s(computerType, 30, ctype);

◆void Computer::display(void)

　　☐컴퓨터 정보를 출력한다.

　　　　　· cout << "컴퓨터 이름=";
　　　　　· cout << computerName << 'Wn';
　　　　　· cout << "컴퓨터 타입=";
　　　　　· cout << computerType << "WnWn";

```
※기준 클래스인 Computer 속성의 중복성을 배제하는 형태로
※가상으로 상속받는 기준 클래스 Maker
class Maker : virtual public Computer
{
protected:
  char makerName[30];
public:
  Maker(char *cname, char *ctype, char *mname);
  virtual void display(void);
};
```

◆Maker::Maker(char *cname="", char *ctype="", char *mname="") :
　Computer(cname, ctype)

　　☐컴퓨터 제조사 정보의 초기값을 설정한다.

　　　　　· strcpy_s(computerName, 30, cname);
　　　　　· strcpy_s(computerType, 30, ctype);
　　　　　· strcpy_s(makerName, 30, mname);

◆void Maker::display(void)

　　□컴퓨터 제조사 정보를 출력한다.

```
· cout << "컴퓨터 이름=";
· cout << computerName << '₩n';
· cout << "컴퓨터 타입=";
· cout << computerType << '₩n';
· cout << "제조사 이름=";
· cout << makerName << "₩n₩n";
```

※기준 클래스인 Computer 속성의 중복성을 배제하는 형태로
※가상으로 상속받는 기준 클래스 Seller
```
class Seller : virtual public Computer
{
protected:
  char sellerName[30];
public:
  Seller(char *cname, char *ctype, char *sname);
  virtual void display(void);
};
```

◆Seller::Seller(char *cname="", char *ctype="", char *sname="") :
　Computer(cname, ctype)

　　□컴퓨터 판매사 정보의 초기값을 설정한다.

```
· strcpy_s(computerName, 30, cname);
· strcpy_s(computerType, 30, ctype);
· strcpy_s(sellerName, 30, sname);
```

◆void Seller::display(void)

　　□컴퓨터 판매사 정보를 출력한다.

```
· cout << "컴퓨터 이름=";
· cout << computerName << '₩n';
· cout << "컴퓨터 타입=";
· cout << computerType << '₩n';
· cout << "판매사 이름=";
· cout << sellerName << "₩n₩n";
```

※Maker와 Seller를 기준 클래스로 삼아, 다중 상속 받은 파생 클래스 User
```
class User : public Maker, public Seller
{
protected:
  char userName[30];
public:
  User(char *cname);
  User(char *cname, char *ctype, char *mname, char *sname, char *uname);
  void display(void);
};
```

◆void main(void)

　※기준 클래스 Computer로 c1 객체 생성
　· Computer c1("DESKTOP PC", "SoftQT-2015");
　※가상 기준 클래스 Maker로 m1 객체 생성
　· Maker m1("NOTEBOOK PC", "NB-777", "SoftQT system");
　※가상 기준 클래스 Seller로 s1 객체 생성
　· Seller s1("새틀", "ST-333", "소프트웨어품질기술원");
　※다중 상속받은 파생 클래스 user로 u1 객체 생성
　· User u1("TABLET PC", "TP-337", "SoftQT", "Samtaeguk Inc", "유홍준");
　□컴퓨터 정보, 제조사, 판매자, 사용자 정보를 출력처리한다.

```
■c1.display();
■m1.display();
■s1.display();
■u1.display();
```

◆User::User(char *cname, char *ctype, char *mname, char *sname,
　char *uname) : Maker(mname, cname, ctype), Seller(sname, cname, ctype)

　□컴퓨터 사용자 정보의 초기값을 설정한다.

```
· strcpy_s(computerName, 30, cname);
· strcpy_s(computerType, 30, ctype);
· strcpy_s(makerName, 30, mname);
· strcpy_s(sellerName, 30, sname);
· strcpy_s(userName, 30, uname);
```

◆void User::display(void)

　□컴퓨터 사용자 정보를 출력한다.

```
· cout << "컴퓨터 이름=";
· cout << computerName << '\n';
· cout << "컴퓨터 타입=";
· cout << computerType << '\n';
· cout << "제조사 이름=";
· cout << makerName << '\n';
· cout << "판매사 이름=";
· cout << sellerName << '\n';
· cout << "사용자 이름=";
· cout << userName << "\n\n";
```

📋 프로그램

```
#include <string.h>
#include <iostream>
using namespace std;

class Computer              //조부모에 해당하는 기준 클래스
```

```
    {
  protected:
    char computerName[30];
    char computerType[30];
  public:
    Computer(char *cname, char *ctype);
    void display(void);
  };

  Computer::Computer(char *cname="", char *ctype="") {

    //.컴퓨터 정보의 초기값을 설정한다.
    {
      strcpy_s(computerName, 30, cname);
      strcpy_s(computerType, 30, ctype);
    }
  }

  void Computer::display(void) {

    //.컴퓨터 정보를 출력한다.
    {
      cout << "컴퓨터 이름=";
      cout << computerName << '\n';
      cout << "컴퓨터 타입=";
      cout << computerType << "\n\n";
    }
  }

  //기준 클래스인 Computer 속성의 중복성을 배제하는 형태로
  //가상으로 상속받는 기준 클래스 Maker
  class Maker : virtual public Computer
  {
  protected:
    char makerName[30];
  public:
    Maker(char *cname, char *ctype, char *mname);
    virtual void display(void);
  };

  Maker::Maker(char *cname="", char *ctype="", char *mname="") :
    Computer(cname, ctype) {

    //.컴퓨터 제조사 정보의 초기값을 설정한다.
```

```cpp
  {
    strcpy_s(computerName, 30, cname);
    strcpy_s(computerType, 30, ctype);
    strcpy_s(makerName, 30, mname);
  }
}

void Maker::display(void) {

  //.컴퓨터 제조사 정보를 출력한다.
  {
    cout << "컴퓨터 이름=";
    cout << computerName << '\n';
    cout << "컴퓨터 타입=";
    cout << computerType << '\n';
    cout << "제조사 이름=";
    cout << makerName << "\n\n";
  }
}

//기준 클래스인 Computer 속성의 중복성을 배제하는 형태로
//가상으로 상속받는 기준 클래스 Seller
class Seller : virtual public Computer
{
protected:
  char sellerName[30];
public:
  Seller(char *cname, char *ctype, char *sname);
  virtual void display(void);
};

Seller::Seller(char *cname="", char *ctype="", char *sname="") :
  Computer(cname, ctype)  {

  //.컴퓨터 판매사 정보의 초기값을 설정한다.
  {
    strcpy_s(computerName, 30, cname);
    strcpy_s(computerType, 30, ctype);
    strcpy_s(sellerName, 30, sname);
  }
}

void Seller::display(void) {
```

```
    //.컴퓨터 판매사 정보를 출력한다.
    {
        cout << "컴퓨터 이름=";
        cout << computerName << '\n';
        cout << "컴퓨터 타입=";
        cout << computerType << '\n';
        cout << "판매사 이름=";
        cout << sellerName << "\n\n";
    }
}

//Maker와 Seller를 기준 클래스로 삼아, 다중 상속 받은 파생 클래스 User
class User : public Maker, public Seller
{
protected:
    char userName[30];
public:
    User(char *cname);
    User(char *cname, char *ctype, char *mname, char *sname, char *uname);
    void display(void);
};

void main(void) {
    // 기준 클래스 Computer로 c1 객체 생성
    Computer c1("DESKTOP PC", "SoftQT-2015");
    // 가상 기준 클래스 Maker로 m1 객체 생성
    Maker m1("NOTEBOOK PC", "NB-777", "SoftQT system");
    // 가상 기준 클래스 Seller로 s1 객체 생성
    Seller s1("새틀", "ST-333", "소프트웨어품질기술원");
    // 다중 상속받은 파생 클래스 user로 u1 객체 생성
    User u1("TABLET PC", "TP-337", "SoftQT", "Samtaeguk Inc", "유홍준");

    //.컴퓨터 정보, 제조사, 판매자, 사용자 정보를 출력처리한다.
    {
        c1.display();
        m1.display();
        s1.display();
        u1.display();
    }
}

User::User(char *cname, char *ctype, char *mname, char *sname,
```

```
  char *uname) : Maker(mname, cname, ctype), Seller(sname, cname, ctype) {

    //.컴퓨터 사용자 정보의 초기값을 설정한다.
    {
      strcpy_s(computerName, 30, cname);
      strcpy_s(computerType, 30, ctype);
      strcpy_s(makerName, 30, mname);
      strcpy_s(sellerName, 30, sname);
      strcpy_s(userName, 30, uname);
    }
  }

void User::display(void) {

    //.컴퓨터 사용자 정보를 출력한다.
    {
      cout << "컴퓨터 이름=";
      cout << computerName << '\n';
      cout << "컴퓨터 타입=";
      cout << computerType << '\n';
      cout << "제조사 이름=";
      cout << makerName << '\n';
      cout << "판매사 이름=";
      cout << sellerName << '\n';
      cout << "사용자 이름=";
      cout << userName << "\n\n";
    }
  }
```

▶ 실행 화면

```
C:\Windows\system32\cmd.exe

컴퓨터 이름=DESKTOP PC
컴퓨터 타입=SoftQT-2015

컴퓨터 이름=NOTEBOOK PC
컴퓨터 타입=NB-777
제조사 이름=SoftQT system

컴퓨터 이름=새틀
컴퓨터 타입=ST-333
판매사 이름=소프트웨어품질기술원

컴퓨터 이름=TABLET PC
컴퓨터 타입=TP-337
제조사 이름=SoftQT
판매사 이름=Samtaeguk Inc
사용자 이름=유홍준

계속하려면 아무 키나 누르십시오 . . .
```

앞의 가상 기준 클래스 예의 C++ 프로그램을 가지고, 가상 기준 클래스(virtual base class)를 정의하고 사용하는 과정을 설명해 보겠습니다.

기준 클래스(base class) Computer를 부모로 삼아서, Maker와 Seller라는 파생 클래스(derived class)를 만들어 냄에 있어, 이들이 다시 자식을 만들어 낼 때를 감안하여, 부모로부터 상속받는 속성(屬性, attribute)의 중복을 피하기 위해, 다음과 같이 기준 클래스(base class)인 Computer를 가상으로 선언하여 상속해줍니다.

```
class Maker : virtual public Computer
```

```
class Seller : virtual public Computer
```

위와 같이 상속한 후, 손자(孫子)에 해당하는 파생 클래스 User에서 부모에 해당하는 클래스 Maker와 Seller로부터 다음과 같이 다중 상속(多重相續) 받습니다.

```
class User : public Maker, public Seller
```

이렇게 하면 Maker와 Seller가 각각 중복하여 가지고 있던 Computer의 속성 중에서 중복 부분을 배제한 채로 상속이 이루어집니다.

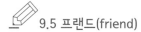

9.5 프랜드(friend)

클래스(class)는 정보 공개하는 public영역과 정보 은폐하는 private영역을 가지고 있습니다.

원칙적으로 정보 은폐하는 private영역을 외부로부터 직접 접근할 수는 없습니다. 그 이유는 클래스를 가지고 생성한 객체는 자기집의 사적인(private한) 방을 외부 사람에게 공개하고 싶어하지 않는 특징을 가지고 있기 때문입니다.

그러나 그럼에도 불구하고, 클래스를 가지고 생성한 객체가 정보 은폐한 사적인 private 영역인 자기방에 외부로부터의 직접적인 접근을 허용하는 경우가 있는데, 그것이 바로 프랜드(friend)의 경우입니다.

> 친구(親舊, friend)
>
> 대상 클래스(class)의 멤버(member)가 아니면서도 대상 클래스의 private영역에 접근(access)할 수 있는 것

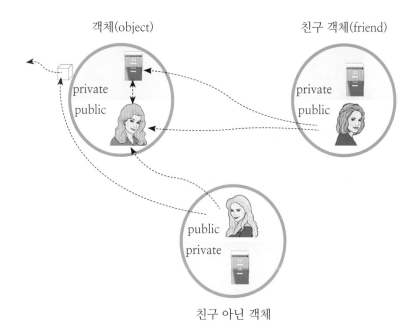

프랜드(friend)는 어떤 클래스가 생성하는 객체의 멤버인 내부 멤버(internal member)가 아니면서, 해당 객체의 사적인 private영역에 들어갈 수 있는 친한 외부 멤버(external member)를 뜻합니다.

어떤 객체(object)의 정보 은폐한 사적인 방인 private영역에 직접 들어갈 수 있는 권한을 가지는 친구(親舊, friend)에는 프랜드 클래스(friend class)와 프랜드 메소드(friend method)를 떠올릴 수 있습니다.

예를 들어, A라는 객체의 집안과 B라는 객체의 집안이 서로 아주 친한 사이라면 B라는 객체의 각 요소는 A라는 객체의 사적인 private영역에 마음대로 접근할 수 있습니다. 허물이 없기 때문이지요. 이런 경우에 A라는 객체를 생성하는 형틀인 클래스에 대해 B라는 객체를 생성하는 형틀인 클래스는 프랜드 클래스(friend class)로 작용합니다.

그런데 만일 A라는 객체의 집안과 B라는 객체의 집안의 어느 일부분의 사람만 아주 친한 관계라면, 이때 B라는 객체의 집안에서 A라는 객체의 집안과 친한 사람(요소)은 프랜드 메소드(프랜드 함수) 역할을 합니다.

즉, 프랜드 클래스(friend class)가 전체적인 친구라면, 프랜드 메소드(프랜드 함수)는 부분적인 친구로 볼 수 있습니다.

"잠깐만요. 프랜드(friend)도 아니면서 저의 private 영역에 접근하시면 어떡해요?"

예제 9.5.1 | 프랜드 클래스

쏙(SOC)

```
#include <string.h>
#include <iostream>
using namespace std;

class SubCompany;          ※클래스 원형(class prototype) 선언

class MainCompany          ※MainCompany 클래스 형틀
{
private:
  char name[30];
  int sales;
public:
  MainCompany(char *cname, int csales);
  ※friend인 SubCompany형 객체 hwesa를 인수로 받는 메소드
  void display(SubCompany hwesa);
};
```

◆MainCompany::MainCompany(char *cname="", int csales=0)

　　□본사 정보의 초기값을 설정한다.

　　　　· strcpy_s(name, 30, cname);
　　　　· sales = csales;

```
class SubCompany           ※SubCompany 클래스 형틀
{
private:
  char sname[30];          ※정보 은폐한 영역이지만 friend는 접근 가능
  int man;                 ※정보 은폐한 영역이지만 friend는 접근 가능
public:
  SubCompany(char *csname, int cspeople);
  ※MainCompany클래스를 friend로 선언
  ※(SubCompany의 정보 은폐한 영역도 MainCompany의 메소드가 접근 가능)
  friend MainCompany;
};
```

◆void main(void)

　　※MainCompany클래스로 hwesa1 객체 생성
　　· MainCompany hwesa1("SoftQT ", 3000);
　　※SubCompany클래스로 hwesa2 객체 생성
　　· SubCompany hwesa2("일산 ", 2500);
　　□본사와 지사 정보를 출력 처리한다.

　　　　※MainCompany형 객체 hwesa1의 메소드인 display에게
　　　　※hwesa2를 인수로 하여 메시지 전송
　　　　■hwesa1.display(hwesa2);

◆SubCompany::SubCompany(char *csname="", int cspeople=0)

　　□지사 정보의 초기값을 설정한다.

```
· strcpy_s(sname, 30, csname);
· man = cspeople;
```

◆void MainCompany::display(SubCompany hwesa)

　　□본사와 지사 정보를 출력한다.

```
· cout << "본사 이름=" << name;
· cout << "판매 수량=" << sales << '\n';
※friend로 선언되었기 때문에 MainCompany에서 SubCompany형 객체인
※hwesa를 인수로 정의하여 SubCompany의 정보 은폐한 변수 접근가능
· cout << "지사 이름=" << hwesa.sname;
· cout << "사원 인원=" << hwesa.man << '\n';
```

📋 **프로그램**

```cpp
#include <string.h>
#include <iostream>
using namespace std;

class SubCompany;          //클래스 원형(class prototype) 선언

class MainCompany          //MainCompany 클래스 형틀
{
private:
    char name[30];
    int sales;

public:
    MainCompany(char *cname, int csales);
    //friend인 SubCompany형 객체 hwesa를 인수로 받는 메소드
    void display(SubCompany hwesa);
};

MainCompany::MainCompany(char *cname="", int csales=0) {

    //.본사 정보의 초기값을 설정한다.
    {
        strcpy_s(name, 30, cname);
```

```
      sales = csales;
   }
}

class SubCompany          //SubCompany 클래스 형틀
{
private:
   char sname[30];        //정보 은폐한 영역이지민 friend는 접근 가능
   int man;               //정보 은폐한 영역이지만 friend는 접근 가능

public:
   SubCompany(char *csname, int cspeople);
   //MainCompany클래스를 friend로 선언
   //(SubCompany의 정보 은폐한 영역도 MainCompany의 메소드가 접근 가능)
   friend MainCompany;
};

void main(void) {
   // MainCompany클래스로 hwesa1 객체 생성
   MainCompany hwesa1("SoftQT ", 3000);
   // SubCompany클래스로 hwesa2 객체 생성
   SubCompany hwesa2("일산 ", 2500);

   //.본사와 지사 정보를 출력 처리한다.
   {
      // MainCompany형 객체 hwesa1의 메소드인 display에게
      // hwesa2를 인수로 하여 메시지 전송
      hwesa1.display(hwesa2);
   }
}

SubCompany::SubCompany(char *csname="", int cspeople=0) {

   //.지사 정보의 초기값을 설정한다.
   {
      strcpy_s(sname, 30, csname);
      man = cspeople;
   }
}

void MainCompany::display(SubCompany hwesa) {

   //.본사와 지사 정보를 출력한다.
   {
```

```
        cout << "본사 이름=" << name;
        cout << "판매 수량=" << sales << '\n';
        // friend로 선언되었기 때문에 MainCompany에서 SubCompany형 객체인
        // hwesa를 인수로 정의하여 SubCompany의 정보 은폐한 변수 접근가능
        cout << "지사 이름=" << hwesa.sname;
        cout << "사원 인원=" << hwesa.man << '\n';
    }
}
```

▶ 실행 화면

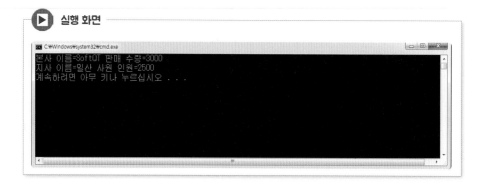

먼저 프랜드 클래스 예제 C++ 프로그램에 대해서 설명하겠습니다.

클래스(class)간에 프랜드(friend)관계를 설정하려면, 친구를 받아들이고자 하는 클래스(friend)의 멤버로서 친구에 해당하는 클래스(friend class)를 등록해 주어야 합니다. 앞의 프랜드 클래스 예에서 SubCompany 클래스 형틀의 내부에 MainCompany 클래스를 프랜드 클래스(friend class)로 선언해 놓은 것이 바로 그것입니다.

또한, SubCompany와 친구 관계를 형성하는 MainCompany의 메소드 중에서 SubCompany의 private:영역에 접근(接近)하고자 하는 display와 같은 메소드에 대해 SubCompany형 변수를 인수로서 설정해 놓습니다.

이때 한가지 주의할 점은 SubCompany클래스를 정의하기 전에 MainCompany클래스 내의 메소드의 인수로서 SubCompany형 객체(변수)를 사용하고자 할 때에는 MainCompany클래스 앞에 SubCompany클래스의 원형(prototype)을 선언해 주어야 한다는 사실입니다.

이렇게 해놓으면 SubCompany의 은폐한 private: 영역에 친구인 MainCompany의 메소드가 마음대로 출입하는 것이 가능해집니다.

예제 9.5.2 | 프랜드 함수

쏙(SOC)

```
#include <string.h>
#include <iostream>
using namespace std;

class SubCompany;      ※클래스 원형(class prototype) 선언

class MainCompany      ※MainCompany 클래스 형틀
{
private:
  char name[30];
  int sales;
public:
  MainCompany(char *cname, int csales);
  ※friend인 SubCompany형 객체 hwesa를 인수로 받는 메소드
  void display(SubCompany hwesa);
};
```

◆MainCompany::MainCompany(char *cname="", int csales=0)

　　□본사 정보의 초기값을 설정한다.

　　　　· strcpy_s(name, 30, cname);
　　　　· sales = csales;

```
class SubCompany        ※SubCompany 클래스 형틀
{
private:
  char sname[30];
  int man;
public:
  SubCompany(char *csname, int cspeople);
  ※MainCompany클래스의 display 메소드를 friend로 선언
  ※(SubCompany의 정보 은폐한 영역에 MainCompany의 메소드가 접근 가능)
  friend void MainCompany::display(SubCompany);
};
```

◆void main(void)

　　※MainCompany클래스로 hwesa1 객체 생성
　　· MainCompany hwesa1("SoftQT ", 3000);
　　※SubCompany클래스로 hwesa2 객체 생성
　　· SubCompany hwesa2("일산 ", 2500);
　　□본사와 지사 정보를 출력 처리한다.

　　　　※MainCompany형 객체 hwesa1의 메소드인 display에게
　　　　※hwesa2를 인수로 하여 메시지 편승
　　　　■hwesa1.display(hwesa2);

◆SubCompany::SubCompany(char *csname="", int cspeople=0)

☐지사 정보의 초기값을 설정한다.

· strcpy_s(sname, 30, csname);
· man = cspeople;

◆void MainCompany::display(SubCompany hwesa)

☐본사와 지사 정보를 출력한다.

· cout << "본사 이름=" << name << '\n';
· cout << "판매 수량=" << sales << "\n\n";
※friend로 선언하였기 때문에 SubCompany형 객체인 hwesa 내의
※정보 은폐한 변수에 접근 가능
· cout << "지사 이름=" << hwesa.sname << '\n';
· cout << "사원 인원=" << hwesa.man << "\n\n";

📄 **프로그램**

```cpp
#include <string.h>
#include <iostream>
using namespace std;

class SubCompany;    //클래스 원형(class prototype) 선언

class MainCompany    //MainCompany 클래스 형틀
{
private:
  char name[30];
  int sales;

public:
  MainCompany(char *cname, int csales);
  //friend인 SubCompany형 객체 hwesa를 인수로 받는 메소드
  void display(SubCompany hwesa);
};

MainCompany::MainCompany(char *cname="", int csales=0) {

  //.본사 정보의 초기값을 설정한다.
  {
    strcpy_s(name, 30, cname);
```

```
      sales = csales;
  }
}

class SubCompany      //SubCompany 클래스 형틀
{
private:
  char sname[30];
  int man;

public:
  SubCompany(char *csname, int cspeople);
  //MainCompany클래스의 display 메소드를 friend로 선언
  //(SubCompany의 정보 은폐한 영역에 MainCompany의 메소드가 접근 가능)
  friend void MainCompany::display(SubCompany);
};

void main(void) {
  // MainCompany클래스로 hwesa1 객체 생성
  MainCompany hwesa1("SoftQT ", 3000);
  // SubCompany클래스로 hwesa2 객체 생성
  SubCompany hwesa2("일산 ", 2500);

  //.본사와 지사 정보를 출력 처리한다.
  {
    // MainCompany형 객체 hwesa1의 메소드인 display에게
    // hwesa2를 인수로 하여 메시지 전송
    hwesa1.display(hwesa2);
  }
}

SubCompany::SubCompany(char *csname="", int cspeople=0) {

  //.지사 정보의 초기값을 설정한다.
  {
    strcpy_s(sname, 30, csname);
    man = cspeople;
  }
}

void MainCompany::display(SubCompany hwesa) {

  //.본사와 지사 정보를 출력한다.
  {
```

```
        cout << "본사 이름=" << name << '\n';
        cout << "판매 수량=" << sales << "\n\n";
        // friend로 선언하였기 때문에 SubCompany형 객체인 hwesa 내의
        // 정보 은폐한 변수에 접근 가능
        cout << "지사 이름=" << hwesa.sname << '\n';
        cout << "사원 인원=" << hwesa.man << "\n\n";
    }
}
```

▶ 실행 화면

프랜드 메소드(프랜드 함수) 예제 C++ 프로그램에 대해서도 똑같은 방법을 적용합니다.

클래스(class) 자체가 전부 프랜드(friend)관계를 설정하기는 어렵더라도, 클래스의 일부 메소드가 친구를 형성한다면, 친구를 받아들이고자 하는 클래스(class)의 요소로서 친구에 해당하는 클래스의 메소드를 등록해 줍니다.

앞의 프랜드 메소드(프랜드 함수) 예에서 MainCompany 클래스 중에서 SubCompany 클래스에서 친구로 받아들이고 싶은 일부 메소드를 SubCompany의 친구 메소드(friend method)로 다음과 같이 선언해주는 것이 바로 그것입니다.

```
friend void MainCompany∷display(SubCompany);
```

세상을 살아가는데는 친구가 반드시 필요하지만, 어느 친구에게나 다 자기집의 은폐한 방을 개방할 수는 없는 것도 엄연한 현실입니다. 자기 집의 은폐한 방을 개방할 수 있는 프랜드(friend)는 저세상에 가서도 친할만큼 진정한 친구로 한정해야 한다는 점도 유의해야 합니다.

C++에서도 객체지향에 충실하려면, 바로 이처럼 프랜드(friend)개념의 적용에 아주 신중을 기해야 합니다.

9.6 오버로드(overload)

오버로드(overload)는 원래 전자공학에서 부하(負荷, load)가 지나치게 많이 걸렸을 때를 뜻하며, 과부하(過負荷)라고 불리는 개념입니다.

예를 들어, 집에서 하나의 콘센트에 TV, 다리미, 전자렌지 등 여러 개의 가전제품을 한꺼번에 연결해서 사용할 경우에, 전원선(電源線)이 감당할 수 있는 용량을 초과하여 전선에 열이 나는 경우가 있습니다. 이런 경우를 우리는 과부하(過負荷, overload)가 걸렸다고 합니다. 또한, 어떤 기계가 능력 범위를 초과하여 일을 하는 상태를 과부하(過負荷, overload) 상태라고 합니다.

그러나 오버로드(overload)의 개념을 C++언어에 적용하면서 부터는 그 의미가 약간 바뀝니다. 기계와 같은 하드웨어(hardware)는 어떤 일이 너무 과중하게 주어질 때 지나친 부담을 느껴서 과부하(過負荷, overload)가 걸리지만, C++언어 프로그램과 같은 소프트웨어는 일종의 영혼에 해당하므로 아무리 일을 시켜도 지나친 부담을 느끼는 일은 없습니다. 그래서 C++언어에서는 동일한 메소드 이름을 가진 여러 개의 함수를 약간 다른 기능으로 중복해서 사용해도 부담을 느끼지 않습니다.

이처럼 하나의 메소드 이름을 여러 메소드에서 사용하거나, *나 +등과 같은 연산자 하나를 여러 용도로 사용할 수 있도록 정의하는 경우를 overload라고 합니다.

이런 경우에 overload는 지나친 부담을 진다는 뜻보다는 사용하는 용도를 다중적으로 정의한다는 뜻의 「오버로드(overload)」로 불립니다.

오버로드(overload)

메소드 이름이나 연산자(operator) 등을 두 가지 이상의 개념으로 정의하여 사용하는 것

오버로드의 종류	특 성
메소드 오버로드 (method overload)	2개 이상의 메소드들을 같은 이름으로 오버로드하여 사용하는 것(함수 오버로드라고도 함)
연산자 오버로드 (operator overload)	연산자를 원래의 사용 목적과 다른 목적으로 오버로드하여 사용하는 것

예제 9.6.1 | 메소드 오버로드(함수 오버로드)

쏙(SOC)

```
#include <iostream>
using namespace std;

int calc(int a1);              ※오버로드한 메소드의 원형(prototype)
int calc(int a1, int a2);      ※오버로드한 메소드의 원형(prototype)

◆void main(void)

  · int a3;
  · int b3;
  □입력받은 정수의 개수에 따라 연산 처리한다.

       ■a3 = calc(10);
       ■b3 = calc(10, 20);
       · cout << "result1=" << a3 << 'Wn';
       · cout << "result2=" << b3 << 'Wn';


◆int calc(int a1)

  · int a3;
  □입력받은 1개의 정수를 누승하여 되돌린다.

       · a3 = a1 * a1;
       · return(a3);


◆int calc(int a1, int a2)

  · int b3;
  □입력받은 2개의 정수를 더하여 되돌린다.

       · b3 = a1 + a2;
       · return(b3);
```

프로그램

```cpp
#include <iostream>
using namespace std;

int calc(int a1);            //오버로드한 메소드의 원형(prototype)
int calc(int a1, int a2);    //오버로드한 메소드의 원형(prototype)

void main(void) {
```

```
    int a3;
    int b3;

    //.입력받은 정수의 개수에 따라 연산 처리한다.
    {
      a3 = calc(10);
      b3 = calc(10, 20);
      cout << "result1=" << a3 << 'Wn';
      cout << "result2=" << b3 << 'Wn';
    }
}

int calc(int a1) {
  int a3;

  //.입력받은 1개의 정수를 누승하여 되돌린다.
  {
    a3 = a1 * a1;
    return(a3);
  }
}

int calc(int a1, int a2) {
  int b3;

  //.입력받은 2개의 정수를 더하여 되돌린다.
  {
    b3 = a1 + a2;
    return(b3);
  }
}
```

▶ **실행 화면**

```
C:\Windows\system32\cmd.exe
result1=100
result2=30
계속하려면 아무 키나 누르십시오 . . .
```

예제 9.6.2　　연산자 오버로드

📄 **쏙(SOC)**

```
#include <string.h>
#include <iostream>
using namespace std;

class Jubhab
{
private:
  char string[30];
public:
  Jubhab(char *munjayul);
  void display(void);
  ※Jubhab클래스 형의 접합한 문자열로 되돌리는 연산을 하는
  ※연산자를 +로 다중정의 하는 메소드의 원형(prototype)
  friend Jubhab operator + (Jubhab, Jubhab);
};
```

◆void main(void)

```
· Jubhab munjayul1("Object ");
· Jubhab munjayul2("Oriented ");
※오버로드한 연산자 +를 이용해 두개의 문자열을 접합하여
※연결한 문자열을 결과로 되돌리는 연산
· Jubhab munjayul3 = munjayul1 + munjayul2;
□문자열을 접합 처리한다.

    ■munjayul3.display();
```

◆Jubhab::Jubhab(char *munjayul="")

```
□문자열의 초기값을 설정한다.

    · strcpy_s(string, 30, munjayul);
```

◆void Jubhab::display(void)

```
□문자열을 출력한다.

    · cout << string << 'Wn';
```

◆Jubhab operator + (Jubhab munjayul1, Jubhab munjayul2)

```
· Jubhab munjayul3;
□접합연산자의 초기값을 설정하고 되돌린다.

    · strcpy_s(munjayul3.string, 30, munjayul1.string);
    · strcat_s(munjayul3.string, 30, munjayul2.string);
    · return (munjayul3);
```

```
#include <string.h>
#include <iostream>
using namespace std;

class Jubhab
{
private:
  char string[30];

public:
  Jubhab(char *munjayul);
  void display(void);
  //Jubhab클래스 형의 접합한 문자열로 되돌리는 연산을 하는
  //연산자를 +로 다중정의 하는 메소드의 원형(prototype)
  friend Jubhab operator + (Jubhab, Jubhab);
};

void main(void) {
  Jubhab munjayul1("Object ");
  Jubhab munjayul2("Oriented ");
  // 오버로드한 연산자 +를 이용해 두개의 문자열을 접합하여
  // 연결한 문자열을 결과로 되돌리는 연산
  Jubhab munjayul3 = munjayul1 + munjayul2;

  //.문자열을 접합 처리한다.
  {
    munjayul3.display();
  }
}

Jubhab::Jubhab(char *munjayul="") {

  //.문자열의 초기값을 설정한다.
  {
    strcpy_s(string, 30, munjayul);
  }
}

void Jubhab::display(void) {

  //.문자열을 출력한다.
  {
```

```
        cout << string << 'Wn';
    }
}

Jubhab operator + (Jubhab munjayul1, Jubhab munjayul2) {
    Jubhab munjayul3;

    //.접합연산자의 초기값을 설정하고 되돌린다.
    {
        strcpy_s(munjayul3.string, 30, munjayul1.string);
        strcat_s(munjayul3.string, 30, munjayul2.string);
        return (munjayul3);
    }
}
```

▶ 실행 화면

메소드 오버로드(method overload)에 대해서는 다형성(polymorphism)의 개념을 언급할 때 이미 충분히 설명했으므로, 이번에는 연산자 오버로드(operator overload)에 중점을 두어 설명하겠습니다.

먼저, Jubhab 클래스의 메소드로서 연산자를 오버로드한 다음의 내용을 살펴보겠습니다.

```
friend Jubhab operator + (Jubhab, Jubhab);
```

위의 내용은 Jubhab형의 자료 2개를 인수로 넘겨받아 어떤 처리를 한 뒤에 Jubhab형의 자료로 되돌리는 연산을 수행하는 연산자를 +로 지정하겠다는 뜻입니다. 이때, 연산자 오버로드를 friend로 선언하는 이유는 Jubhab 클래스 내의 은폐한 private: 영역 속의 string변수에 외부에서 자유자재로 접근하기 위해서입니다.

연산자 오버로드(operator overload)에 사용하는 연산자는 '.', '.*', '::', '?:' 등 C++의 다른

곳에서 이미 사용을 내정한 몇 가지 기호를 제외하고는, *이나, ~기호 등 사용자가 임의로 지정해줄 수 있습니다.

연산자 오버로드의 적용에 있어서는 프랜드(friend)가 들어있어, 자칫 친구를 잘못 사귀면 큰 문제가 되므로 꼭 필요한 아주 특수한 경우에만 사용하는 것으로 한정하는 것이 좋습니다.

연습문제

01 단일 상속과 다중 상속의 특징에 대해 조사한 후, 다중 상속을 C++ 프로그래밍에서 필요 최소한도로 억제해야 하는 이유에 대해 토론해 보세요.

02 C++ 언어에서 다형성을 메소드 오버라이드 관점에서 구현하는 방법을 사례를 들어서 나타내고, 개념에 대해 세부적으로 토론해 보세요.

03 가상 함수의 개념을 조사한 후, C++언어에서 가상 함수의 실제 사례를 들어서 작성하고 그 적정성에 대해 토론해 보세요.

04 C++ 언어에서 프랜드(friend)의 개념을 구현하는 사례를 조사하여 실질적인 프로그램으로 나타내고, 실무적인 차원에서 프랜드 개념 사용을 최대한 배제하여야 하는 사유에 대해 토론해 보세요.

05 연산자 오버로드의 개념에 대해 구체적으로 조사한 후, 연산자 오버로드를 적용하는 실제 사례를 들어 적정성에 대해 토론해 보세요.

✎ 앞으로를 위하여

　미국을 대표하는 컨설팅 회사의 하나로 매년 세계 IT 기술 관련 동향을 정확하게 예측하는 것으로 정평이 있는 가트너(Gartner)는 2015년도 10대 전략 기술에서 언제 어디서나 컴퓨팅을 할 수 있는 컴퓨팅 에브리웨어(CE : Computing Everywhere)와 사물 인터넷(IoT: Internet of Things)을 1위와 2위로 선정하였습니다. 특히 사물 인터넷과 관련하여 2015년에 약 49억 개의 IoT 장치(device)의 사용을 예상하고, 이러한 경향이 점점 더 강해져 5년 후인 2020년에는 무려 250억 개의 IoT 장치의 사용을 예상하였습니다.

　이처럼 인터넷을 기반으로 수많은 컴퓨팅 장치들의 연결이 이루어지면서 이제는 단순한 컴퓨터의 작동법보다는 컴퓨터가 생각하는 방식을 배워 미래 사회에 적응하는 것이 아주 중요한 요소로 작용하고 있습니다. 이로 인해, 컴퓨팅 사고(Computational Thinking), 소프트웨어 교육(Software Education), 코딩 교육(Coding Education), 언플러그드 교육(Unplugged Education) 등 컴퓨터가 일을 처리하는 과정을 정확하게 인지하여 사고하는 능력을 기반으로 문제를 효율적으로 해결하기 위한 대응을 세계의 선진국을 중심으로 급속히 강화해나가고 있습니다. 이러한 장치와 소프트웨어가 결합하는 융복합 시대에 무엇보다도 중요한 것은 컴퓨팅 사고를 기반으로 하는 문제 해결 알고리즘 습득 및 창의적 활용과 이를 지원하는 소프트웨어 설계 및 코딩 능력입니다

　이제 소프트웨어 프로그래밍은 어떤 일부의 전문가들의 영역이 아니라, 미래에 적응해야 할 우리들 모두의 기본적으로 익혀서 활용해나가야 할 필수 영역으로 자리잡고 있는 것입니다.

　또한, 분석, 설계, 코딩이 따로 작용하는 것이 아니라 유기적으로 연동하면서 병행적으로 작업을 할 수 있는 병렬형 개발을 필요로 하는 시대가 되었습니다. 병렬형 개발을 통해서 객체지향 기술은 보다 컴퓨팅 사고를 능동적으로 지원하는 인간지향 기술로 성숙할 수 있을 것입니다.

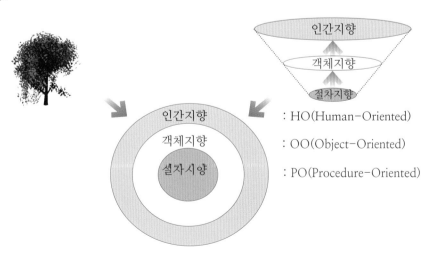

: HO(Human-Oriented)

: OO(Object-Oriented)

: PO(Procedure-Oriented)

객체지향을 기반으로 컴퓨팅 에브리웨어(CE : Computing Everywhere)와 사물 인터넷(IoT : Internet of Things)의 시대에서 인간지향적인 컴퓨팅 사고 증진을 위해서는 설계 단계와 코딩 단계의 융합을 바탕으로 분석까지 연계한 통합적인 시각에서의 공정 병렬화가 중요합니다.

앞으로, 설계와 코딩을 융합하는 쏙(SOC : Structured Object Component)과 이를 지원하는 설계와 코딩 융복합 자동화 도구인 새틀(SETL : Structured Efficiency TooL)을 개념과 도구의 양면적인 시각에서 방법을 보완하고 기능을 보강해나갈 예정입니다.

아울러 분석, 설계, 코딩을 융합하는 방법과 도구도 차례로 선보이게 될 것입니다. 앞으로 독자님들의 많은 관심과 성원을 부탁드립니다.

그밖에도 의견이 있으신 분은 언제라도 필자에게 연락을 주시면 적극 반영하여 지원해드리도록 노력하겠습니다.

아무쪼록, 독자님께서 앞으로도 항상 건강하심과 아울러 하시는 모든 일들에 있어서 행운이 함께 하시길 진심으로 기도 드립니다.

감사합니다.

부 록

1. Visual Studio Community 2013 설치 및 개발환경 만들기

❖ 1.1 Visual Studio Community 2013 설치하기

C++언어 프로그램을 쉽게 작성하고 실행 결과를 확인할 수 있는 "비주얼 스튜디오 (Visual Studio)" 개발 도구를 내려 받기 하려면 먼저 마이크로소프트 사에 계정을 등록해 두어야 합니다. 본 서에서는 "Visual Studio Community 2013" 버전을 기준으로 설명하겠습니다.

[1단계] Visual Studio Community 2013 설치파일 다운로드

브라우저를 열고 "https://www.visualstudio.com/products/visual-studio-community-vs" 주소로 이동합니다. 이동한 다운로드 화면에서 "다운로드"를 선택하고 설치 파일을 내려 받습니다.

[2단계] 내려 받은 파일 실행

내려 받은 폴더로 이동하여 "vs_community.exe" 파일을 더블 클릭(Double Click) 하고, 팝업창이 뜨면 "실행" 버튼을 클릭합니다.

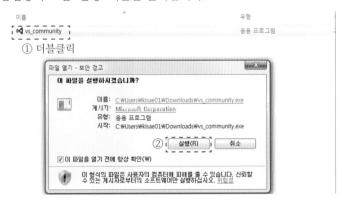

[3단계] "I agree to the Licence Terms and Privacy Policy" 체크

"I agree to the Licence Terms and Privacy Policy"를 체크하여 저작권 조건 및 개인정보정책에 동의하고 하단의 'Next(다음)' 버튼을 클릭합니다.

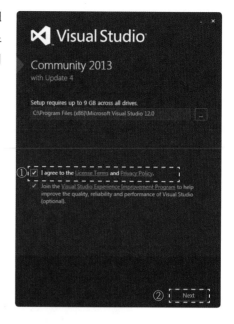

[4단계] INSTALL버튼 클릭

화면 하단의 INSTALL버튼을 누릅니다. 설치를 완료할 때까지 30분 이상 소요됩니다.

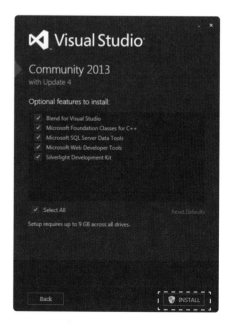

[5단계] 설치완료

설치가 완료되면, 설치완료 화면이
뜹니다.

[6단계] Visual Studio Community 2013 설치 후 로그인

윈도우즈 메뉴에서 Visual Studio Community 2013 프로그램을 실행시키면, 아래와
같은 화면이 나타납니다. 그러면 Sign in을 클릭하여 Microsoft 계정으로 로그인합니
다.

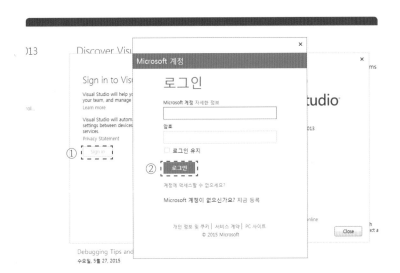

[7단계] Visual Studio Community 2013 로그인 후 확인

Microsoft 계정으로 로그인한 후 아래 화면이 나타나면 정상적으로 설치를 마친 것입니다.

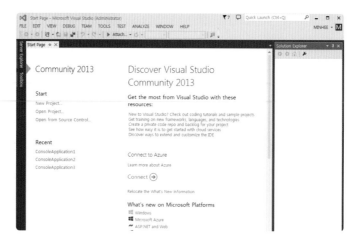

❖ 1.2 C++ 프로그램 개발환경 만들기

Visual C++ Community 2013 개발 도구로 C++언어 프로그램을 만들기 위한 개발환경을 만들어 보겠습니다.

[1단계] New Project(새 프로젝트) 선택

Visual C++ Community 2013 개발 도구를 열고 좌측 중앙에 있는 "New Project(새 프로젝트)"를 선택합니다.

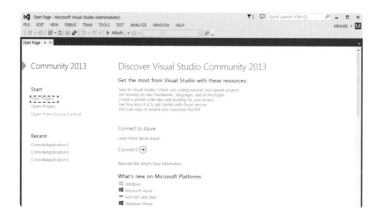

[2 단계] "Win32 Console Application(Win32 콘솔 응용 프로그램)" 선택 후
   "Name(이름)" 항목 입력

새 프로젝트 창에서 "Win32 Console Application(Win32 콘솔 응용 프로그램)"
을 선택합니다. 그리고 하단의 "Name(이름)" 항목에 "프로젝트명"을 입력하고
"OK(확인)" 버튼을 클릭합니다.

[3단계] Win32 Application Wizard(Win32 응용 프로그램 마법사) 화면에서 "Next
   (다음)" 선택

Win32 Application Wizard(Win32 응용 프로그램 마법사) 창에서 "Next(다음)" 버
튼을 선택합니다.

[4 단계] "Empty project(빈 프로젝트)" 선택 후 "Finish(마침)" 선택

Win32 Application Wizard(Win32 응용 프로그램 마법사) 창의 추가 옵션 항목에서 "Empty project(빈 프로젝트)"를 체크하고 하단의 "Finish(마침)" 버튼을 선택합니다.

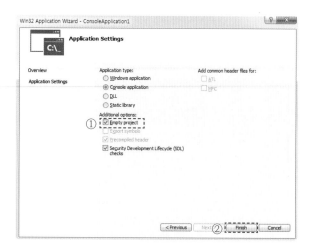

[5단계] "Source File(소스파일)"에서 "New Item(새항목)" 추가

Solution Explorer(솔루션 탐색기)에서 "Source File(소스파일)" 오른쪽 마우스 클릭 후 Add(추가)→New Item(새 항목)을 선택합니다.

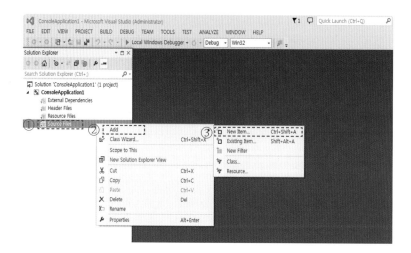

[6 단계] "C++ File(.cpp)"을 선택하고 이름을 입력한 후 "Add(추가)" 선택

Add New Item(새 항목 추가) 창에서 "C++ File(.cpp)" 항목을 선택하고 하단의 "Name(이름)" 항목에 "파일명"을 입력한 후 "Add(추가)" 버튼을 선택합니다.

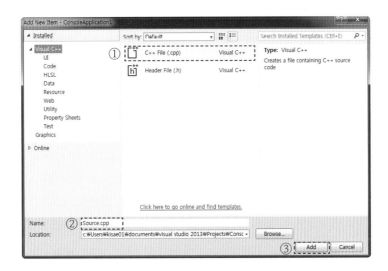

이제 Visual C++ Community 2013 도구로 C++ 프로그램을 작성할 수 있도록 기본 작업을 마쳤습니다. Visual C++ 개발 도구는 C++ 프로그램을 작성하고 작성을 완료한 프로그램을 컴파일 한 후에 실행이 가능한 파일로 만들어 줍니다. 아울러 개발자에게 프로그램 결과를 보여주고 프로그램을 쉽게 수정할 수 있도록 도와줍니다.

❖ 1.3 C++ 프로그램 실행시켜 보기

Visual C++ Community 2013 개발 도구를 이용하여 간단한 프로그램을 실행시켜 보겠습니다.

[1단계] 프로그램 편집 창에 프로그램을 입력 및 저장

프로그램 편집 창에 프로그램을 작성하고, 메뉴에서 "File" - "Save"를 선택하거나, Ctrl키와 s키를 동시에 눌러서 프로그램을 저장합니다.

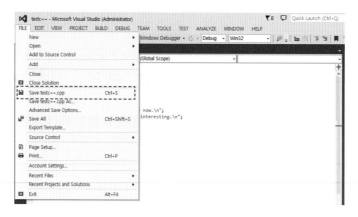

[2단계] 프로그램 빌드

Ctrl키와 F5키를 동시에 눌러서 프로그램을 빌드(build)합니다. 빌드란 소스 코드를 컴파일 및 링크하여 실행 파일을생성하여 실행시키는 과정입니다. 즉 빌드를 하면 작성한 프로그램을 컴파일(Compile) - 링크(Link) - 실행(Execute)까지 통합적으로 수행할 수 있습니다. 빌드 결과는 개발도구 하단의 출력 영역에서 확인할 수 있습니다.

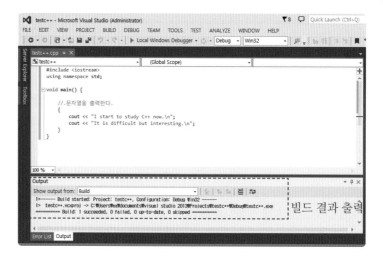

프로그램의 실행이 정상적으로 이루어지면 명령 모드(Command Mode)의 도스 창에서 프로그램 실행결과를 확인할 수 있습니다.

2. 쏙을 지원하는 새틀(SETL) 설치 및 사용방법

구조화 객체 부품인 '쏙(SOC)'을 기반으로 하는 소프트웨어 설계 자동화 지원도구인 '새틀(SETL)'을 설치하여 활용하면, 설계도를 시각적으로 나타내어 프로그램의 제어 구조를 파악하는데 매우 용이합니다.

본서에서는 C++ 객체지향 프로그래밍 개념을 익히는데 쏙(SOC)을 이용해 시각적으로 이해 할 수 있도록 설명하고 있습니다.

그럼, 먼저 쏙(SOC)을 지원하는 새틀(SETL)의 설치 방법과 기본적인 사용 방법을 익혀 보겠습니다.

(참고 : 새틀(SETL)은 사용자의 편의성을 위해 지속적으로 기능을 개선하고 있습니다.
　　　 버전이 업그레이드 되면서 아이콘이나 변환 과정이 부분적으로 달라질 수 있지만
　　　 기본 개념은 동일하므로, 여기서 설명하는 과정만 이해하시면 새로운 버전이더라도
　　　 아주 쉽게 적응하여 사용하실 수 있을 것입니다.)

❖ **2.1 새틀(SETL) 설치 및 초기화**

새틀(SETL)에서 기본적으로 제공하는 파일은 SETL_CPP입니다.

[1단계] 압축파일로 제공된 "SETL_CPP.zip"파일을 내컴퓨터의 적정한 폴더에서
　　　　 압축풀기를 합니다. 그러면 "SETL_CPP" 폴더가 만들어집니다.

[2단계] 생성된 "SETL_CPP" 폴더에서 setlcpp.exe 파일을 실행시킵니다.
　　　　 그러면 새틀(SETL)의 초기 화면이 나타날 것입니다.

새틀의 초기 화면의 팝업 다이얼로그에서 확인 버튼을 누르면 이제부터
새틀을 사용하실 수 있는 편집 모드로 들어갑니다.

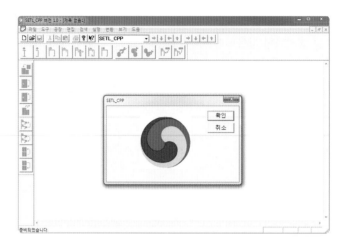

[3단계] SETL_CPP프로그램을 처음 실행할 때, "보기" - "편집 글꼴 선택" 메뉴에서
글꼴이 '굴림체'로 설정되었는지 확인합니다. 굴림체는 고정 폭을 가진
글자체이므로 새틀을 가지고 설계를 해줄 때 선과 선의 연결이 어긋나지 않게
합니다.

❖ 2.2 새틀(SETL)의 화면 구성

새틀(SETL)의 메인 화면은 크게 표준처리부, 신속처리부, 작업부로 나뉩니다.

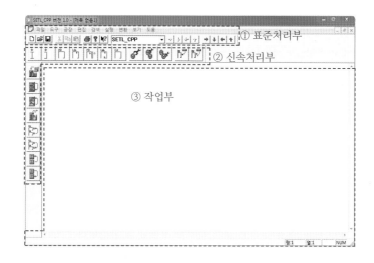

가. 표준처리부

표준처리부는 기본 도구와 확장 도구로 구성되어 있습니다.

다른 기능들은 일반 문서 작성 프로그램과 유사하므로, 새틀(SETL)만의 특별한 기능을 중심으로 설명하겠습니다.

새틀(SETL)의 중요 기능은 설계 처리 작업과 순공학/역공학 기능입니다.

설계 처리작업을 위해서는 기본도구에서 "공장" 기능을 선택하면, '기본 부품 조립', '블록 부품 조립', '구조 부품 조립', '추상화 결합 조립', '구체화 분해 제거' 기능을 사용할 수 있습니다. 기본도구에서의 "공장" 기능은 설계 처리 작업과 관련하여 자주 행하는 작업이기 때문에 신속처리부에서 버튼 형태로 제공하고 있습니다.("공장" 기능의 상세한 내용은 신속처리부에서 함께 다루겠습니다.)

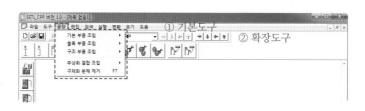

순공학(설계도를 CPP 소스 코드로 자동 변환)/역공학(CPP 소스 코드를 설계도로 자동 변환) 작업을 위해서는 기본도구에서 "변환" 기능을 선택하면, 'SOC 파일 -> CPP 파일(순공학 작업)', 'CPP 파일 -> SOC 파일(역공학 작업)' 기능을 사용 할 수 있습니다. 자세한 순공학/역공학 작업은 "2.4 새틀(SETL)을 이용한 설계와 코드의 변환"에서 다루겠습니다. 실시간 순공학/역공학 작업을 통해 새틀은 설계와 코딩을 융합하여 병렬적으로 작업하는 것을 가능하게 합니다.

나. 신속처리부

신속처리부는 부품 도구와 편집 도구로 구성되어 있습니다.

부품 도구는 '기본 부품 조립', '블록 부품 조립', '구조 부품 조립' 기능을 포함하고 있습니다. 각 기능의 상세한 내용은 다음과 같습니다.

[1] 기본 부품 조립 도구

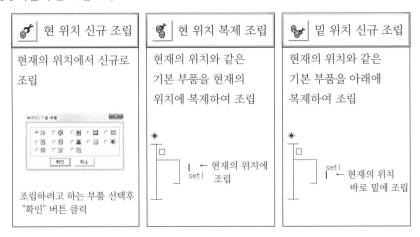

[2] 블록 부품 조립 도구

[3] 구조 부품 조립 도구

 주 바탕구조 부품	부 바탕구조 부품	이음 제어구조 부품
주 바탕구조 부품 조립	부 바탕구조 부품 조립	한이음(순차) 제어구조 부품 조립

갈래 세어구조 부품	되풀이 세어구조 부품
갈래(선택) 제어구조 부품 조립	되풀이(반복) 제어구조 부품 조립

→ 필요한 갈래구조를 선택하면 미리보기 제공

조립하려고 하는 갈래구조 선택후 "확인" 버튼 클릭

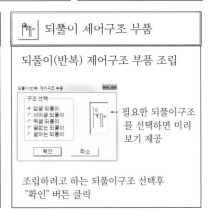

→ 필요한 되풀이구조를 선택하면 미리보기 제공

조립하려고 하는 되풀이구조 선택후 "확인" 버튼 클릭

비상 제어구조 부품	이상 제어구조 부품
비상 제어구조 부품 조립	이상 제어구조 부품 조립

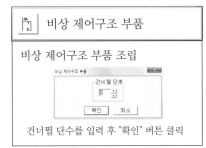

건너뛸 단수를 입력 후 "확인" 버튼 클릭

편집도구는 '추상화 결합 조립', '구체화 분해 제거', '호출 항목 검색', '바탕 검색' 기능이 있습니다. 각 기능의 상세한 내용은 다음과 같습니다.

[1] 추상화 결합 조립 도구

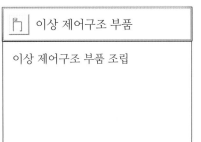 추상화 범위 지정	추상화 범위 확장
인접한 부품들을 모아서 새로운 제어구조 부품으로 추상화시켜 조립	추상화 범위를 아래로 확장

추상화 범위 축소
추상화 범위를 위로 축소

[2] 구체화 분해 제거 도구

구체화 분해 제거
원하는 부품만을 분해 제거

[3] 호출 항목 검색 도구

앞쪽 호출 찾기	뒷쪽 호출 찾기
서브 메소드에게 일을 시키는 명령을 앞쪽으로 찾기	서브 메소드(함수에게 일을 시키는 명령을 뒷쪽으로 찾기

[4] 바탕 검색 도구

앞쪽 바탕 찾기	뒷쪽 바탕 찾기
동일한 파일 내에서 앞쪽에 있는 바탕구조 찾기	동일한 파일 내에서 뒷쪽에 있는 바탕구조 찾기

다. 작업부

작업부는 새틀에서 실제 소프트웨어의 조립·분해·추상화 작업 등을 비롯한 설계 처리 작업을 행하는 영역입니다.

작업부는 실제 작업을 수행하는 작업영역, 현재 작업 중에 있는 파일의 스크롤 상태를 제어하는 스크롤상태 제어영역, 작업이 진행됨에 따라 변하는 상태를 나타내 주는 작업상태 표시영역으로 구성되어 있습니다.

새틀(SETL)을 사용하는데 필요한 화면구성과 기본적인 기능에 대해 알아보았습니다.

❖ 2.3 새틀(SETL)을 이용한 설계

새틀(SETL)을 이용하여 쏙(SOC : Structured Object Component)이라는 구조화 객체 부품을 조립해 설계를 하려면, 가장 먼저 프로그램이라는 건물을 세우기 위한 터가 마련되어야 합니다. 그것이 바탕구조 부품입니다.

따라서 설계를 위해서는 기본 부품이나 제어구조 부품과 같은 다른 부품을 조립하기 전에 가장 먼저 바탕구조 부품을 조립해야 합니다.

바탕구조 부품은 '주 바탕구조 부품'과 '부 바탕구조 부품'으로 나뉘어지는데, 메인 메소드(함수)를 조립할 때 '주 바탕구조 부품'을 사용하고, 서브 메소드(함수)를 조립할 때 '부 바탕구조 부품'을 사용합니다. '주 바탕구조 부품'과 '부 바탕구조 부품'을 조립하는 방법은 동일하므로, '주 바탕구조 부품'을 기준으로 설명하겠습니다.

'주 바탕구조 부품'을 조립하는 방법은 기본도구에서 선택하는 방법과 신속처리부의 아이콘을 이용하는 방법으로 2가지가 있습니다.

[1] 메인 화면의 기본도구를 차례로 선택하는 방법

기본도구에서 "공장" – "구조 부품 조립" – "주 바탕구조 부품"을 차례로 선택해줍니다. 그러면 화면에서 주 바탕구조 부품의 조립 결과를 볼 수 있습니다.

[2] 신속처리부의 구조 부품 조립 도구의 아이콘을 이용하는 방법

구조 부품 조립 도구에서 주 바탕구조 부품 아이콘인 　𝐈　 버튼을 클릭하면, 화면에 주 바탕구조 부품의 조립 결과가 나타납니다.

조립한 주 바탕구조 부품의 각 부분의 구성요소는 다음과 같습니다.

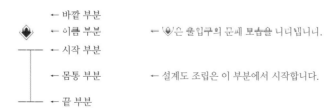

설계 처리를 함에 있어서, 주 바탕구조 부품의 몸통 부분은 확장·축소가 가능합니다.

주 바탕구조 부품이 조립된 상태에서 다른 부품을 조립해나갈 때, 주 바탕구조 부품의 몸통 부분의 범위 내에서만 조립해야 하며 몸통 부분 이외의 지점에서는 조립할 수 없습니다.

2장에 나오는 거품 정렬 프로그램을 예로 들어 제어구조 부품을 조립하는 방법을 단계별로 익혀보겠습니다.

[1단계] include시킬 라이브러리를 먼저 타이핑하여 작성하고, 구조 부품 조립 도구에서 주 바탕구조 부품 아이콘인 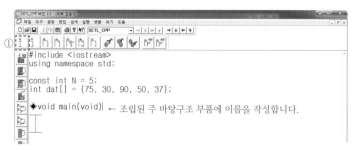 버튼을 클릭하여, '주 바탕구조 부품'을 조립합니다.

[2단계] 기본 부품 조립 도구에서 현 위치 신규 조립 아이콘인 ⚿ 버튼을 클릭하여, 조립하려고 하는 부품을 조립합니다. '·' 부품은 처리를 나타내며, '※' 부품은 주석을 나타냅니다.

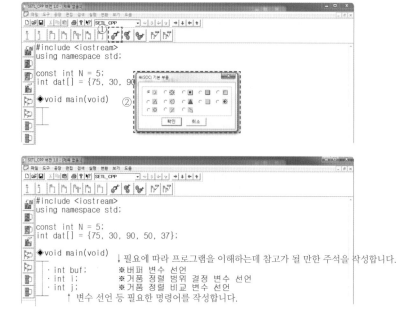

[3단계] 블록 부품 조립 도구에서 밑 위치 조립 아이콘인 ![버튼] 버튼을 클릭하여,
빈 블록을 조립하고, 구조 부품 조립 도구에서 이음 제어구조 부품 조립
아이콘인 ![버튼] 버튼을 클릭하여 이음 구조 제어 부품을 조립합니다.

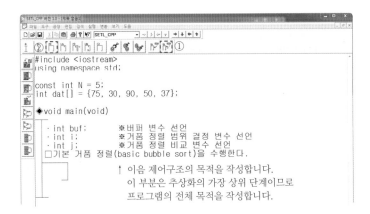

[4단계] 구조 부품 조립 도구에서 되풀이 제어구조 부품 조립 아이콘인 ![버튼] 버튼을
클릭하여, 이음 제어구조의 몸통 부분에 끝나는 되풀이 제어구조 부품을
조립합니다.

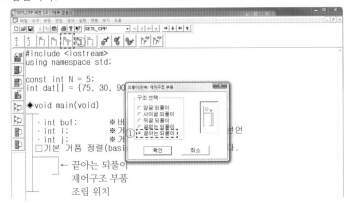

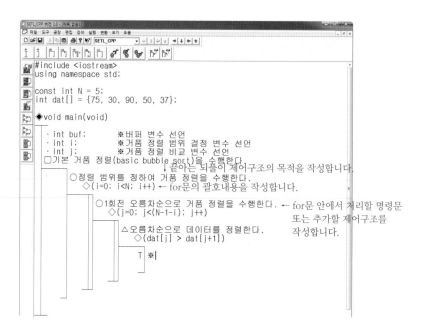

[5단계] 처음에 조립했던 이음 제어구조의 몸통 부분에 조립하려고 하는 기본 부품
이나 제어구조 부품을 조립하여 설계를 완성해 나가면 됩니다. 한 번 조립한
제어구조 부품의 몸통 부분은 자동으로 확장 및 축소가 되므로 원하는대로
자유롭게 작성이 가능합니다.

이번에는 제어구조의 흐름에 대하여 간략하게 알아보겠습니다. 쏙(SOC) 설계에 사용하는 제어구조는 크게 정상적인 상황을 고려한 정상계와 비상적인 상황을 고려한 비상계의 2가지로 구분할 수 있습니다. 정상계는 크게 이음(순차) 구조, 갈래(선택) 구조, 되풀이(반복) 구조 3가지로 세분화 할 수 있고 비상계는 1가지만 있습니다.

[1] 이음(순차) 구조의 제어 흐름

이음(순차) 구조는 처리가 잇따라 이어서 차례대로 진행하는 경우에 조립합니다.

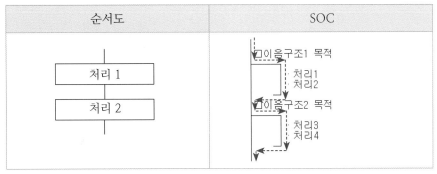

순서도	SOC

순서도에서는 위의 그림과 같이 나열식으로만 표현이 가능합니다. 하지만, 쏙 (SOC: Structured Object Component)은 각각의 처리 내역 여러 개를 그룹으로 묶어서 처리 목적을 기술할 수 있습니다.

[2] 갈래(선택) 구조의 제어 흐름

갈래(선택) 구조는 분기의 개수에 따라 한갈래, 두갈래, 여러갈래로 구분하며, 선택조건에 따라 흐름이 달라집니다. 두갈래 제어구조를 예로들어 갈래(선택) 구조의 흐름을 알아보겠습니다.

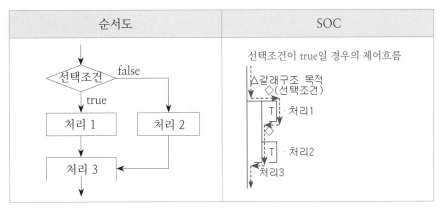

순서도	SOC

갈래 구조를 순서도로 나타내면 갈라져서 분기하는 개수가 여러 개인 경우, 제어 흐름을 파악하기가 매우 힘들어집니다. 그러나 쏙(SOC)의 경우 분기하는 개수와 상관없이 필요한만큼 일렬로 확장되므로 제어 흐름을 파악하기 용이합니다.

[3] 되풀이(반복) 구조의 제어 흐름

되풀이(반복) 구조는 반복 조건의 상태에 따라 끝모르는되풀이, 끝아는되풀이로 나뉘어지며, 끝아는되풀이의 경우 구조 처리를 끝내고 빠져나오는 위치에 따라 앞끝되풀이, 사이끝되풀이, 뒤끝되풀이로 구분할 수 있습니다. 앞끝되풀이 제어구조를 예로 들어 되풀이 구조의 흐름을 알아보겠습니다.

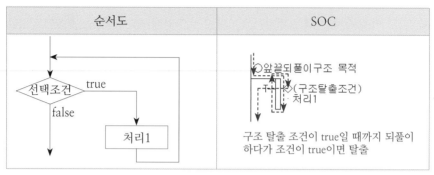

순서도	SOC

되풀이(반복) 구조를 순서도로 나타내면 프로그램이 조금만 복잡해져도 화살표를 따라 제어흐름을 파악하기가 어렵습니다. 그러나 쏙(SOC)의 경우는 탈출 조건의 위치만 파악하면 제어 흐름을 파악하는데 어려움이 없습니다.

[4] 비상계 구조의 제어 흐름

비상계 구조는 비상적인 상황이 발생한 경우 계열간 건너뛰기를 수행합니다.

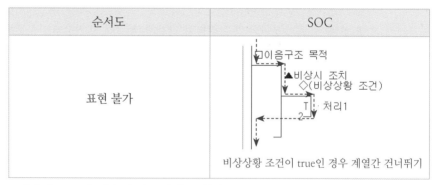

순서도	SOC

비상계 구조의 경우 순서도에서는 패턴으로 표현이 불가능합니다. 그러나 쏙(SOC)으로 표현하면 어느 위치로 건너뛰는지 쉽게 파악할 수 있습니다.

새틀(SETL)을 이용해 쏙(SOC)으로 설계하는데 필요한 기본적인 방법과 제어 흐름을 알아보았습니다. 『새틀(SETL)을 이용한 시각화 SW 설계 자동화 방법론(유홍준 지음/(주)소프트웨어품질기술원)』을 참고하시면, 쏙(SOC)과 관련한 사상과 SW설계 자동화 방법론을 더 깊이 있게 습득하실 수 있습니다.

설계 사상은 처음에는 약간 생소하실 수 있지만, 약 1시간 정도만 시간을 투자하시면 그다음부터는 아주 쉽게 원리를 터득하여 적용하실 수 있을 것입니다.

❖ 2.4 새틀(SETL)을 이용한 설계와 코드의 변환

새틀(SETL)은 쏙(SOC)으로 설계한 파일을 C++언어 프로그램 소스 파일로 바꿔주는 순공학 기능과 C++언어 프로그램 소스파일을 쏙(SOC) 설계 파일로 바꿔주는 역공학 기능을 가지고 있습니다. 프로그램을 작성하고 유지보수하는데 새틀을 이용하면, 설계와 코딩을 손쉽게 오가며 작성이 가능합니다. 변환하는 방법은 매우 간단하고, 변화하는데 걸리는 시간도 약 1000라인의 프로그램의 경우 1초 이내로 거의 대기시간을 느끼지 못할 정도로 순식간에 이루어집니다.

가. 쏙(SOC) 파일을 코드로 변환하는 순공학 방법

새틀(SETL)에서 쏙(SOC)으로 설계한 파일을 코드로 변환하여 실행하는 방법에 대해 알아보겠습니다.

[1단계] 쏙(SOC)으로 설계한 파일을 확장자 '.cppsoc'으로 저장합니다.

[2단계] 기본 도구 "변환" - "SOC 파일 -> CPP 파일(순공학 작업)"을 선택합니다.

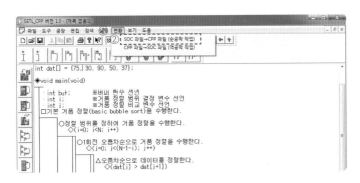

[3단계] "SOC -> CPP 순공학 작업 대화상자" 팝업 창이 뜨면, SOC 파일 부분의 "선택" 버튼을 클릭합니다.

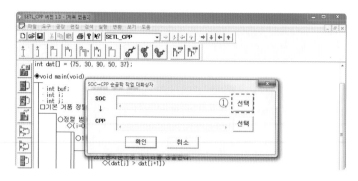

[4단계] "열기" 팝업창이 뜨면, 프로그램 파일로 변환하고자 하는 SOC 파일을 선택하고 "열기" 버튼을 클릭합니다.

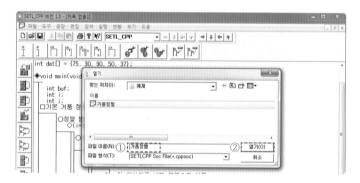

[5단계] 다시 "SOC -> CPP 순공학 작업 대화상자" 팝업창이 뜨면, 프로그램 파일의 이름이 자동으로 입력된 것을 확인할 수 있습니다. "확인" 버튼을 클릭합니다.

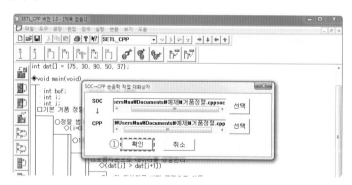

[6단계] SOC 파일과 코드로 변환한 파일이 동시에 열려서 비교할 수 있도록 합니다.

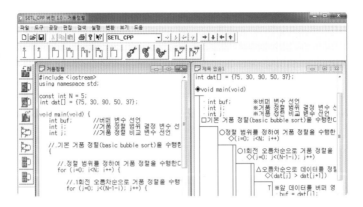

[7단계] 기본도구에서 "편집" - "모두선택"을 눌러 변환된 코드를 복사합니다.

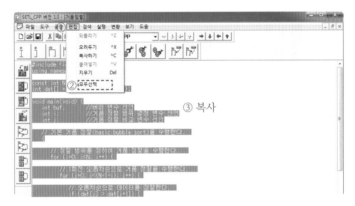

[9단계] 복사한 코드를 Visual C++ Community 2013 개발 도구의 프로그램 소스
편집 영역에 붙여넣고 컴파일 및 실행하면, 프로그램의 실행 결과를 볼 수
있습니다.

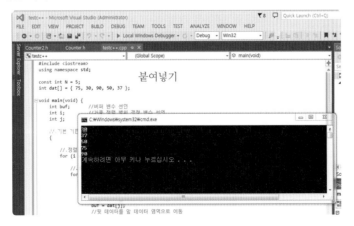

나. 코드 파일을 쏙(SOC) 파일로 변환하는 역공학 방법

프로그램 개발 도구에서 작성 및 수정한 C++언어 소스 코드 파일을 쏙(SOC) 파일로 변환하는 방법에 대해 알아보겠습니다.

[1단계] 프로그램 작성 도구에서 작성한 프로그램 소스 코드를 복사하여, 새틀(SETL)에 붙여 넣고, 확장자를 '.cpp'로 저장합니다.

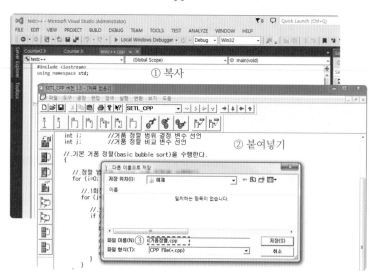

[2단계] 기본 도구에서 "변환" – "CPP 파일 -> SOC 파일(역공학 작업)"을 선택합니다.

[3단계] "CPP -> SOC 역공학 대화상자" 팝업 창이 뜨면, CPP 파일 부분의 "선택" 버튼을 클릭합니다.

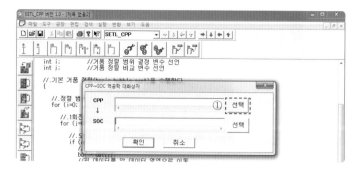

[4단계] "열기" 팝업 창이 뜨면, SOC 파일로 변환하고자 하는 프로그램 파일을 선택하고 "열기" 버튼을 클릭합니다.

[5단계] 다시 "CPP -> SOC 역공학 대화상자" 팝업 창이 뜨면, 쏙(SOC) 파일의 이름이 자동으로 입력된 것을 확인할 수 있습니다. "확인" 버튼을 클릭합니다.

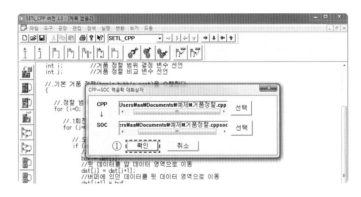

[6단계] 소스 코드 파일과 쏙(SOC) 파일로 변환이 이루어진 파일이 동시에 열립니다.

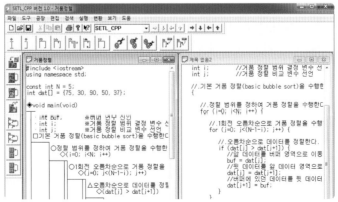

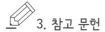
3. 참고 문헌

1. Mycplus, http://www.mycplus.com/category/tutorials/cplusplus-programming-tutorials/, 2015

2. Tutorialspoint, http://www.tutorialspoint.com/cplusplus/, 2015

3. cppreference, http://en.cppreference.com/w/, 2015

4. Microsoft, https://msdn.microsoft.com/ko-kr/library/3bstk3k5.aspx, 2015

5. Isocpp, https://isocpp.org/, 2015

6. LearnCpp, http://www.learncpp.com/, 2015

7. Bill Weinman, C++ Essential Training, http://cpp.bw.org/, 2015

8. Sololearn, C++ Tutorial, http://www.sololearn.com/Course/CPlusPlus/, 2015

9. Programming IT, http://itguru.tistory.com/135, 2015

10. THE THREE Rs OF SOFTWARE AUTOMATION, CARMA McCLURE, Prentice Hall, 1992

11. Modelling the World with Objects, Phil Sully, Prentice Hall, 1995

12. OBJECT LESSONS, Tom Love, SIGS Books, 1995

13. オブジェクト指向システム分析/設計 Q&A, 佐原 伸 著, ソフト・リサーチ・センター, 1995

14. Structured Programming with go to Statements, DONALD E. KNUTH, Computing Surveys, Vol. 6, No. 4, December 1974, page 366~371

15. Letters to the Editor(Go To Statement Considered Harmful), EDSGER W. DIJKSTRA, Communications of the ACM, Volume 11/Number 3/March, 1968, page 147~148

16. オブジェクト指向システム開發, 本位田 眞一 外 共著, 日經BP社, 1993

17. Object Development Methods, Andy Carmichael 編, Prentice-Hall, 1995

18. オブジェクト指向システム開發, 奧井規晶 外 共著, リックテレコム, 1996

19. Google C++ Style Guide, https://google-styleguide.googlecode.com/svn/trunk/cppguide.html, 2015

20. A BOOK OF OBJECT-ORIENTED KNOWLEDGE, Brian Henderson-Sellers, Prentice Hall, 1994

21. Object-Oriented Systems Analysis, David W. Embley 外 共著, Prentice-Hall, 1992

22. Booch法: オブジェクト指向分析と設計, Grady Booch-著, 株式會社星雲社, 1995

23. OBJECT ANALYSIS AND DESIGN, Andrew T.F. Hutt, John Wiley & Sons, Inc., 1995

24. Oracle, Object-Oriented Programming Concepts, http://docs.oracle.com/javase/tutorial/java/concepts/, 2015

25. Lua, Object-Oriented Programming, http://www.lua.org/pil/16.html, 2015

26. 새틀SETL)을 이용한 시각화 SW 설계 자동화 방법론, 유홍준, (주)소프트웨어품질기술원 2015

27. 시각화 설계 자동화 도구 새틀(SETL) 시작하기, 유홍준, (주소프트웨어품질기술원 2015

28. Computational Thinking and Thinking About Computing, Jeannette M. Wing, Carnegie Mellon University, 2008

29. programs/exploring-computational-thinking/, 2015

30. C++入門, http://www.asahi　net.or.jp/‐yf8k－kbys/newcpp0.html, 2015

31. C++マニアック, http://homepage2.nifty.com/well/Index.html, 2015

32. 其他 專門雜誌, 學術誌, 特許情報, 세미나資料, 辭典 等 參考資料

유 홍 준

- ㈜소프트웨어품질기술원 원장
- ㈔한국정보통신기술사협회 부회장
- 국가기술자격정책심의위원회 세부직무 분야 전문위원회 위원(정보처리)
- 한국산업인력공단 직종별전문위원회 전문위원 (정보처리)
- 한국정보통신기술협회(TTA) 정보통신표준화 위원회 위원
- 법원행정처 IT분야 전문 심리위원

- 학력저서: 성균관대학교 일반대학원 정보통신공학부 박사과정 수료, JAVA プログラミング入門(日本 技術評論社), MINDMAP을 이용한 JAVA 코딩 가이드라인, 소프트웨어 품질 매트릭 용어집, 소프트웨어 설계 자동화 방법론 등 다수
- 주요경력: 한국산업인력공단 근로자 직업능력개발훈련 적합훈련과정 심사 위원, 한국국제협력단(KOICA) 해외 정보화사업 평가 위원, 서울특별시 정보화사업 총괄 평가 위원, 건국대학교 정보통신대학원 정보통신학과(정보시스템 감리 전공) 겸임교수, 국제대학교 IT계열 컴퓨터정보전공 외래교수, 한국산업인력공단 IT분야 국가기술자격체계 설계, 한국산업인력공단 IT자격 국가간 상호인증 연구, 법원 IT관련 감정 평가, ICT분야 NCS 개발, 검토, 평가 및 심의 위원 등 다수
- 감리경력: 약 15년간 기획재정부, 외교부, 통일부, 행정자치부, 법무부, 고용노동부, 산림청, 국토교통부, 여성가족부, 미래창조과학부, 중소기업청, 보건복지부, 대법원, 문화재청, 문화체육관광부, 국회사무처, 서울대학교, 한국해양대학교, 통계청, 방위사업청, 한국정보화진흥원, 한국은행, 해인사, 국회입법조사처, 서울시, 경기도청 등 정부부처 및 각종 공공기관에서 400건 이상의 정보시스템 감리 수행 및 350건 이상의 총괄감리원 업무 수행
- 보유자격: 정보관리기술사, 국제기술사(IE: APEC, EMF-IRPE), 수석감리원, 정보시스템감리사, 소프트웨어보안약점진단원, GIS감리원, 기술지도사(정보처리), 기술거래사, 정보통신특급감리원, 정보보호관리체계심사원보, 무선설비기사, 정보환경영체제(IMS) 심사원, 전파통신기사, GIS컨설턴트

5. NCS 기반 평가지침 사례

● **평가방법**

- 평가자는 능력단위 시각화 C++ 객체지향 프로그래밍의 수행준거에 제시되어 있는 내용을 평가하기 위해 이론과 실기를 나누어 평가하거나 종합적인 결과물의 평가 등 다양한 평가 방법을 사용할 수 있다.
- 피 평가자의 과정평가 및 결과평가방법

평가방법	평가유형	
	과정평가	결과평가
A. 포트폴리오		∨
B. 문제 해결 시나리오		∨
C. 서술형시험		∨
D. 논술형시험		
E. 사례연구		∨
F. 평가자 질문	∨	
G. 평가자 체크리스트		
H. 피 평가자 체크리스트	∨	
I. 일지/저널		
J. 역할연기		
K. 구두발표		
L. 작업장 평가	∨	
M. 기타		

강의계획서		

직무	능력단위/책무(Duty)	능력단위코드
시각화 C++ 객체지향 프로그래밍 (Visualized C++ Object-Oriented Programming)	C++ 언어 기초 개념 이해하기	
	시각화 C++ 클래스 프로그래밍 습득하기	
	시각화 C++ 상속 프로그래밍 습득하기	
	시각화 C++ 심화 프로그래밍 습득하기	

교과목명	C++ 프로그래밍	이수구분	전공선택	담당교수	홍길동
학년-학기	0학년-0학기	학 점	3	시수 (이론/실습)	3(1/2)

교과목표 (학습목표)	C++언어를 기반으로 하는 객체지향 프로그래밍을 소프트웨어 재공학 (Software Reengineering) 기술을 이용하여 설계·코딩을 융합하는 시각화 방법으로 습득함으로써, 실제 C++ 프로젝트 실무에서 안정적인 객체지향 프로그래밍이 가능한 기본 능력을 기르도록 하는데 있다.

교수학습 방법	이론 강의	실습	발표	토론	팀프로 젝트	캡스톤 디자인	프트 폴리오	기타
	○	○	○		○		○	

교육장소 (시 설)	일반 강의실	전용 실습실	컴퓨터 실습실	...	외부교육시 설	기타
		○	○			

교재 (NCS 학습모듈)	주교재	새틀(SETL)을 이용한 C++ 시각화 객체지향 개념
	부교재	시각화 설계 자동화 도구 새틀(SETL) 시작하기
	참고 교재	시각화 SW 설계 자동화 방법론

평가방법	A	B	C	D	E	F	G	H	I	J	K	L	M
	○	○	○		○	○		○				○	

A. 포트폴리오 B. 문제 해결시나리오 C. 서술형시험 D. 논술형시험 E. 사례연구 F. 평가자 질문 G. 평가자 체크리스트 H. 피평가자 체크리스트 I. 일지/저널 J. 역할연기 K. 구두발표 L. 작업장평가 M. 기타
※세부내용은 평가계획서에 기술됨

관련 능력 단위요소/ 작업(Task)	수행준거	지식·기술·태도
C++ 언어 기초 개념 이해하기	1.1 SW 위기의 실체와 C++언어의 개요를 이해할 수 있다. 1.2 C++ 도구와 새틀의 설지 방법과 사용방법을 이해할 수 있다. 1.3 객체의 기본 개념과 객체간의 관계를 이해할 수 있다. 1.4 클래스 이전의 개념을 시각화 프로그래밍으로 습득할 수 있다.	[지식] ○ 개발방법론 ○ 설계모델링 ○ C++ 계열 언어 구성 ○ 조립·분해식 설계 방법 [기술] ○ SW 개발 도구의 설치 및 사용 기술 ○ 개발 및 유지보수 기술 ○ 시각화 SW 설계와 코딩 융합 자동화 기술 [태도] ○ SW 언어를 폭넓게 이해하려는 자세 ○ 기술 습득을 위한 적극적인 자세 ○ 신기술 습득을 위해 끈기 있게 노력하는 자세
시각화 C++ 클래스 프로그래밍 습득하기	2.1 클래스의 개념을 이해할 수 있다. 2.2 캡슐화와 정보 은폐의 개념을 이해할 수 있다. 2.3 설계·코딩의 융합 형태로 간단한 시각화 C++ 프로그래밍을 할 수 있다. 2.4 적절한 변수 사용을 시각화 C++ 프로그래밍에 적용할 수 있다.	[지식] ○ 클래스 기반의 객체지향 방법 ○ SW 공장 자동화 방법 ○ 설계와 코딩을 융합한 병렬 개발 방법 [기술] ○ 시각화 C++ 프로그래밍 기술 ○ 병렬 개발 기반 순공학 및 역공학 기술 ○ 시각화 SW 공학 기술 [태도] ○ 프로그래밍 실습에의 적극적인 참여 자세 ○ 의문을 끈기 있게 풀어나가는 집중력 ○ 문제 해결을 위한 긍정적인 태도
시각화 C++ 상속 프로그래밍 습득히기	3.1 추상화를 적용한 시각화 C++ 프로그래밍을 할 수 있다. 3.2 메시지와 상태 천이를 시각화 C++ 프로그래밍에 적용할 수 있다. 3.3 상속 개념을 적용한 시각화 C++ 프로그래밍을 할 수 있다. 3.4 상속 시의 접근 권한과 추상 클래스의 개념을 시각화 C++ 프로그래밍에 적용할 수 있다.	[지식] ○ 객체지향 방법론 ○ 설계와 코딩을 융합한 병렬 개발 방법 [기술] ○ 추상화와 구체화 기술 ○ 프로그래밍 논리 구조화 기술 ○ 상태 천이 추적 기술 [태도] ○ 컴퓨팅 사고 기반의 문제 해결 자세 ○ 복잡한 문제를 추상화 하는 접근 자세 ○ 문제에 대한 근원적 해결을 추구하는 태도 ○ 프로그래밍을 즐기는 긍정적인 자세

관련 능력 단위요소/ 작업(Task)	수행준거	지식·기술·태도
시각화 C++ 심화 프로그래밍 습득하기	4.1 다중 상속의 개념을 시각화 C++ 프로그 래밍에 적용할 수 있 다. 4.2 다형성 개념을 시각 화 C++ 프로그래밍 에 적용할 수 있다. 4.3 가상 함수를 시각화 C++ 프로그래밍에 적용할수 있다. 4.4 프랜드와 오버로드 개념을 시각화 C++ 프로그래밍에 적용 할 수 있다.	[지식] ○ 객체지향 방법론 ○ 설계와 코딩을 융합한 병렬 개발 방법 ○ 문제 해결 원리 [기술] ○ 다중 상속 기술 ○ 가상 함수와 가상 기준 클래스 기술 ○ 다형성, 프랜드, 오버로드 기술 [태도] ○ 다양한 추가 개념을 고려한 문제 해결 자세 ○ 설계 시각에서 문제를 이해하려는자세 ○ 프로그래밍 개념 이해를 위한 적극적인 의사 소통 자세

주차별 학습내용			
주차	관련 능력단위요소 /작업(Task)	수업내용	비고
1	C++ 언어 기초 개념 이해하기	− SW 위기의 정체와 해결 방법 − C++ 언어의 개요	

2	C++ 언어 기초 개념 이해하기	− C++ 도구와 설계와 코딩 융합의
		  소프트웨어 재공학 도구 새틀(SETL)
		  의 설치방법
		− C++도구와 새틀(SETL)의 기본적인
		  사용 방법	

3	C++ 언어 기초 개념 이해하기	− 객체의 기본 개념과 객체간의 관계 − 관계의 종류 및 상세 내역 − 절차지향 구조체와 객체지향 구조체	
4	시각화 C++ 클래스 프로그래밍 습득 하기	− 클래스의 기본 개념과 클래스 적용 시각화 C++ 프로그래밍	
5	시각화 C++ 클래스 프로그래밍 습득 하기	− 캡슐화와 정보 은폐의 개념 − 클래스와 객체의 개념 정리	
6	시각화 C++ 클래스 프로그래밍 습득 하기	− 간단한 시각화 C++ 프로그래밍 − 기본적인 C++ 입출력 흐름	
7	시각화C++ 클래스 프로그래밍 습득 하기	− 유효범위에 따른 변수의 구분 − 적절한 변수의 사용을 통한 시각화 C++ 프로그래밍 연습	

주차별 학습내용			
주차	관련 능력단위요소 /작업(Task)	수업내용	비고
8	시각화 C++상속 프로그래밍 습득 하기	– 추상화의 기본 개념 – 절차지향과 객체지향의 추상화 – 추상화 개념을 적용한 시각화 C++ 　프로그래밍	
9	시각화 C++ 상속 프로그래밍 습득 하기	– 메시지의 기본 개념 – 메시지 개념을 적용한 시각화 C++ 　프로그래밍 – 상태와 상태 천이를 적용한 시각화 　C++ 프로그래밍 – 생성 함수와 소멸 함수의 사용 방법	
10	시각화 C++ 상속 프로그래밍 습득 하기	– 클래스 계층과 상속 시의 친자 관계 – 상속 개념을 적용한 시각화 C++ 　프로그래밍	
11	시각화 C++ 상속 프로그래밍 습득 하기	– 상속 시의 접근 권한 – 추상 클래스 개념을 적용한 시각화 　C++ 프로그래밍	
12	시각화 C++ 심화 프로그래밍 습득 하기	– 다중 상속 개념을 적용한 시각화 　C++ 프로그래밍 – 가상 함수와 가상 기준 클래스 개념 　을 적용한 시각화 C++ 프로그래밍	
13	시각화 C++ 심화 프로그래밍 습득 하기	– 다형성 개념을 적용한 시각화 C++ 　프로그래밍	
14	시각화 C++ 심화 프로그래밍 습득 하기	– 프랜드 개념을 적용한 시각화 C++ 　프로그래밍	
15	시각화 C++ 심화 프로그래밍 습득 하기	– 오버로드 개념을 적용한 시각화 　C++ 프로그래밍	

7. NCS 기반 평가계획서 사례

평가계획서				
교과목명	C++프로그래밍		담당교수	홍길동
관련 직무명	시각화 C++ 객체지향 프로그래밍		능력단위명 (능력단위코드)	시각화 C++ 프로그래밍

평가 개요	구분	배점	평가 개요
	진단평가	–	• C++ 프로그래밍 교과의 학습성과를 달성하는데 필요한 사전 지식을 평가한다.
	출석평가	20%	• 매주 수업의 출결을 확인한다.
	직무능력평가 1	20%	• SW 위기의 원인과 해결 방법 및 C++ 언어 개요 • 객체와 구조체의 기본 개념
	직무능력평가 2	20%	• 클래스 및 캡슐화와 정보 은폐의 개념 • I/O와 변수 관련 시각화 C++ 프로그래밍 방법
	직무능력평가 3	20%	• 추상화와 메시지 시각화 C++ 프로그래밍 방법 • 상속과 추상 클래스 시각화 C++ 프로그래밍 방법
	직무능력평가 4	20%	• 다중 상속과 가상 함수 시각화 C++ 프로그래밍 방법 • 다형성과 프랜드 및 오버로드 프로그래밍 방법

평가 항목	평가내용 및 방법
진단 평가	· 평가내용: C++ 프로그래밍 교과의 학습 성과를 달성하는데 필요한 사전 지식을 평가한다. · 평가시기: 1주차 · 영역별 평가내용

평가 영역	문항	자가진단		
		우수	보통	미흡
공통 기초	1. 일상생활에서 논리적인 사고를 한다.			
	2. 프로그램을 작성할 때 설계에 중점을 둔다.			
C++ 언어 기초 개념 이해하기	3. SW위기의 원인과 해결방향을 이해하고 있다.			
	4. C++ 언어의 개요를 이해하고 있다.			
	5. C++ 도구와 새틀의 설치 사용이 가능하다.			
	6. 객체와 구조체를 이해하고 있다.			

평가 항목	평가내용 및 방법				

평가 영역	문항	자가진단		
		우수	보통	미흡
시각회 C++ 클래스 프로그래밍 습득하기	7. 클래스 개념을 이해하고 있다.			
	8. 캡슐화와 성보 은폐 개념을 이해하고 있다.			
	9. 기본적인 시각화 C++ 프로그래밍이 가능하다.			
	10. 적절한 변수 사용을 통한 클래스 시각화 프로그래밍이 가능하다.			
시각화 C++ 상속 프로그래밍 습득하기	11. 추상화 개념을 이해하고 있다.			
	12. 메시지와 상태 천이 개념을 이해하고 있다.			
	13. 클래스 계층과 상속을 적용한 시각화 C++ 프로그래밍이 가능하다.			
	14. 상속 시의 접근 권한과 추상 클래스 개념을 이해하고 있다.			
시각화 C++ 심화 프로그래밍 습득하기	15. 다중 상속과 가상 함수 개념을 적용한 시각화 C++ 프로그래밍이 가능하다.			
	16. 다형성 개념을 적용한 시각화 C++ 프로그래밍이 가능하다.			
	17. 프랜드 개념을 적용한 시각화 C++ 프로그래밍이 가능하다.			
	18. 오버로드 개념을 적용한 시각화 C++ 프로그래밍이 가능하다.			

진단평가

· 평가방법: 자가진단 체크리스트
· 평가시 고려사항:
 - 진단평가 결과는 성적에 포함되는 것이 아니므로 솔직하게 응답하도록 한다.
· 평가 결과 활용 계획: 평가결과에 따라 교수학습계획을 수정·보완한다.

출석평가

· 대학의 출석관련 규정 및 지침에 따름

평가 항목	평가내용 및 방법
직무 능력 평가 1	· 관련 능력단위요소: C++ 언어 기초 개념 이해하기 · 평가내용: SW 위기의 원인을 시대별로 구분하여 이해하고 설계와 코딩을 융합한 시각화 프로그래밍 방법의 기초를 포함한 C++ 언어의 기초 개념의 이해하는 능력의 정도를 평가한다. · 평가시기: 6주차 · 세부평가내용 <table><tr><td rowspan="2">평가내용</td><td colspan="2">평가</td></tr><tr><td>예</td><td>아니오</td></tr><tr><td>1. SW 위기의 시대별 발생 원인과 해결 방향을 이해할 수 있다.</td><td></td><td></td></tr><tr><td>2. C++ 언어의 개요와 도구의 설치 및 사용 방법을 이해할 수 있다.</td><td></td><td></td></tr><tr><td>3. 객체와 객체간의 관계를 이해할 수 있다.</td><td></td><td></td></tr><tr><td>4. 절차지향과 객체지향 구조체를 이해할 수 있다.</td><td></td><td></td></tr></table> · 평가방법: 과제(결과평가: 사례연구) · 평가 시 고려사항: 　- SW 설계 및 구현 방법을 폭넓게 검색하여 습득하는 능력을 평가한다. 　- SW 프로그래밍을 논리적으로 수행할 때에는 집중력이 중요하므로 시각화된 방법의 논리 자동화를 통해 집중력을 효율적으로 강화할 수 있는지 평가한다.
직무 능력 평가 2	· 관련 능력단위요소: 시각화 C++ 프로그래밍 습득하기 · 평가내용: 설계와 코딩을 융합한 시각화 C++ 클래스 프로그래밍의 습득 정도와 캡슐화 및 정보 은폐 개념의 적용과 변수의 적절한 활용 능력의 정도를 평가한다. · 평가시기: 6주차 · 세부평가내용 <table><tr><td rowspan="2">평가내용</td><td colspan="2">평가</td></tr><tr><td>예</td><td>아니오</td></tr><tr><td>1. C++ 클래스의 개념을 이해할 수 있다.</td><td></td><td></td></tr><tr><td>2. 캡슐화와 정보 은폐의 개념을 이해할 수 있다.</td><td></td><td></td></tr><tr><td>3. 설계와 코딩을 융합하는 시각화 C++ 프로그래밍을 할 수 있다.</td><td></td><td></td></tr><tr><td>4. 적절한 변수 사용을 통한 클래스 시각화 프로그래밍을 할 수 있다.</td><td></td><td></td></tr></table>

평가 항목	평가내용 및 방법

직무
능력
평가 2
	· 평가방법: 과제(과정평가: 평가자 질문, 작업장 평가, 결과평가: 서술형시험,
	  중간고사)
	· 평가 시 고려사항:
	  - 실제 C++언어와 새틀(SETL)이 지원하는 쏙(SOC)을 사용하여 설계와 코딩을
	    융합한 시각화 클래스 C++ 프로그래밍을 적절히 수행하는지 평가한다.
	  - 시각화 C++ 프로그래밍시 캡슐화와 정보 은폐의개념은 물론 전체적으로 변수
	    의 적절한 사용 능력의 습득 여부를 평가한다.

직무 능력 평가 3	· 관련 능력단위요소: 시각화 C++ 상속 프로그래밍 습득하기 · 평가내용: 추상화와 메시지와 상태 천이 개념을 이해하고 클래스 계층 간의 시각화 상속 C++ 프로그래밍을 적절히 수행할 수 있는 능력을 평가한다. · 평가시기: 9주차 · 세부평가내용

평가내용	평가	
	예	아니오
1. 추상화의 개념을 이해하여 적용할 수 있다.		
2. 메시지와 상태 천이 개념을 이해하여 적용할 수 있다.		
3. 클래스 계층과 상속을 적용한 시각화 C++ 프로그래밍 을 수행할 수 있다.		
4. 상속시의 접근 권한과 추상 클래스 개념을 이해하여 적용 할 수 있다.		

· 평가방법: 과제(과정평가: 작업장 평가, 결과평가: 사례연구)
· 평가 시 고려사항:
  - 컴퓨팅 사고(Computational Thinking)와 추상화의 연관 관계에 대한
    이해를 바탕으로 충분한 시각화 C++ 프로그램 시 추상화 활용 능력을
    배양했는지 정도를 평가한다.
  - 클래스 계층의 상속을 통해 프로그래밍 시 재사용성(Reusability)의 정도를
    확장해 나갈 수 있는지의 능력 함양 정도를 평가한다.

직무
능력
평가 4
	· 관련 능력단위요소: 시각화 C++ 심화 프로그래밍 습득하기
	· 평가내용: 다중 상속과 가상 함수 개념 및 다형성 개념의 시각화 Java 프로그
	  래밍과 프랜드 및 오버로드 처리가 가능한 시각화 Java 심화 프로그래밍 능력의
	  습득 정도를 평가한다.
	· 평가시기: 14주차
	· 세부평가내용

평가 항목	평가내용 및 방법		

직무
능력
평가 4
	<table><tr><td rowspan="2">평가내용</td><td colspan="2">평가</td></tr><tr><td>예</td><td>아니오</td></tr><tr><td>1. 다중 상속과 가상 함수와 가상 기준 클래스 개념을 이해
	하여 적용할 수 있다.</td><td></td><td></td></tr><tr><td>2. 다형성 개념을 적용한 시각화 C++ 프로그래밍을 할 수
	있다.</td><td></td><td></td></tr><tr><td>3. 프랜드 개념을 적용한 시각화 C++ 프로그래밍을 할 수
	있다.</td><td></td><td></td></tr><tr><td>4. 오버로드 개념을 적용한 시각화 C++ 프로그래밍을 할
	수 있다.</td><td></td><td></td></tr></table>
	· 평가방법: 과제(결과평가: 포트폴리오(팀별, 개별), 서술형 시험, 기말고사)
	· 평가 시 고려사항:
	 – 복잡한 상속 계층이 존재하는 환경에서의 시각화 C++ 프로그래밍 능력의
	  확보 정도를 평가한다.
	 – 가상 함수와 가상 기준 클래스 개념을 시각화 C++ 프로그래밍에 적용할 수
	  있는지 평가한다.
	 – 프랜드와 오버로드 개념을 실제 시각화 C++ 프로그래밍 환경에서 잘 적용하
	  고 있는지 여부를 평가한다.		

향상/ 심화 계획	· 평가점수가 70점 미만 성취수준 미달자는 향상교육을 실시한 후 재평가한다. · 평가점수가 90점 이상인 성취수준 달성자는 심화교육을 실시한다.		

ㄱ

새틀(SETL)을 이용한

C++ 시각화 객체지향 개념

초판 1쇄 발행   2015년 07월 17일

저   자   유 홍 준

편   집   IoT 융합 서적 편집팀

발 행 자   (주)소프트웨어품질기술원
주   소   경기도 고양시 일산동구 호수로 358-39, 101-614
전   화   031-819-2900
팩   스   031-819-2910
등   록   2015년 2월 23일 제015-000042호

정가   18,000 원
ISBN 979-11-954829-3-1

안 내

본서에서 다루는 쏙(SOC)을 지원하는 새틀(SETL) 프로그램은 설계도로부터 C++언어 소스 코드 생성(순공학) 기능 및 C++언어 소스 코드로부터 설계도 재생 (역공학) 기능을 모두 갖춘 SW 재공학 버전입니다.

SETL_CPP 프로그램은 http://www.softqt.com의 연구–소프트웨어–SETL_ CPP 게시판에서 최신 버전을 다운로드 받으시면 됩니다.

독자 여러분의 소중한 의견과 혹시 발견되는 오탈자 또는 편집, 디자인 및 인쇄, 제본 등에 대하여 연락 주시면 저자와 협의하여 즉시 수정·보완하여 더 좋은 책으 로 보답하겠습니다.

최선을 다하겠습니다. 감사합니다.

 (주)소프트웨어품질기술원